운의 경영학

UN "Don Quijote" Sogyosha Saikyo no Yuigon by YASUDA Takao
Copyright © 2024 SEEDS Co., Ltd.
All rights reserved.

Original Japanese edition published by Bungeishunju Ltd., in 2024.
Korean translation rights in Korea reserved by Woongjin Think Big Co., Ltd.,
under the license granted by SEEDS Co., Ltd.,
Japan arranged with Bungeishunju Ltd., Japan
through The English Agency (Japan) Ltd., Japan and Danny Hong Agency, Korea.

이 책의 한국어판 저작권은 대니홍 에이전시를 통한 저작권사와의 독점 계약으로 (주)웅진씽크빅에 있습니다.
저작권법에 의해 한국 내에서 보호를 받는 저작물이므로 무단 전재와 복제를 금합니다.

운의 경영학

불황을 돌파하는 사장은 무엇이 다른가

야스다 다카오 지음
노경아 옮김

리더스북

일러두기

1. 이 책은 국립국어원 표준국어대사전의 외래어 표기법을 따랐으나, 일부 용어의 경우 통상의 발음을 따른 경우가 있다.
2. 독자의 이해를 돕기 위한 옮긴이 주는 각주에 '- 옮긴이'로 표기했다.
3. 국내 번역 출간된 책은 한국어판 제목으로 표기했으며, 미출간 도서는 원어를 병기했다.
4. 이 책에서 언급한 원/엔 환율은 100엔당 925.22원(2024년 12월 24일 14시 기준)을 적용했으며, '엔화(원화)' 형식으로 표기했다.

나에게 운(運)은 영원한 연구 과제다.
그래서 운에 관해 이야기하는 일을
본업인 사업 경영 외의 마지막 일로 삼으려 한다.
그런 의미에서 『운의 경영학』은 내 유언 같은 책이다.

내가 인생과 사업을 통틀어 운에 관해 얻은 모든 지식을
이 책에 담았으니 마음껏 가져가기를 바란다.
독자 여러분에게 조금이라도 용기와 희망, 행복을
전할 수 있다면 더없이 기쁠 것이다.
이 책은 내가 본업을 통하지 않고
사회에 공헌하고 보답하는 최적의 통로가 될 것이다.

― 야스다 다카오

들어가며

돈키호테가 일으킨
기적의 원천

매체에 거의 출연하지 않은 탓에 내가 누구인지 모르는 독자가 많겠지만, 노랗고 빨갛고 알록달록한 간판을 내건 '초저가의 전당 돈키호테ドン・キホーテ'는 누구나 알 것이다. 고급 브랜드 상품부터 두루마리 휴지까지 망라한 다양한 상품을 구호대로 초저가에 판매하는 일본의 종합 할인점이다.

나는 40세를 눈앞에 둔 1989년 3월, 도쿄東京 후추府中시에 돈키호테 1호점을 열었다. 이후 약 35년간 일본의 거품경제가 붕괴되면서 소비 위축 등 이런저런 시련을 겪는 와중에도 돈키호테는 한결같이 놀라운 성장세를 유지했다.

2019년에는 사명을 '돈키호테 홀딩스'에서 '팬퍼시픽 인터내셔널 홀딩스Pan Pacific International Holdings(이하 PPIH)'로 바꾸었다. 우리 회사는 창업 이래 34년 연속으로 매출과 이익이 증가했다(2023년 6월 기준). 이러한 성과는 해외에서도 이어졌다. 2006년에 해외 첫 점포인 돈키호테 미국 하와이점을 개점했고 2017년에는 아시아 최초 점포인 싱가포르 1호점을 열었다. 그 후에도 아시아를 중심으로 점포 수를 늘려 2025년 6월까지 해외에 약 140개 점포를 확보할 예정이다.

PPIH는 이제 전 세계에 730개 점포, 약 9만 명의 직원을 거느린 국제 유통 기업으로 우뚝 섰다. 2024년 6월 기준으로 2024년 매출은 2조 엔(약 18조 5,044억 원)을 돌파할 것이 확실시된다. 2018년 6월 기준 연간 매출이 약 9,400억 엔(약 8조 6,971억 원)이었으므로 코로나19 팬데믹 기간까지 포함해 불과 6년 만에 연간 매출이 2배로 늘어난 것이다.

무일푼에서
초거대 기업의 경영자로

지금까지 탄탄대로를 달린 듯 이야기했지만 내 인생과 사업이 처음부터 순조로웠던 건 아니다. 오히려 젊은 시절은 재난과 고난, 악전고투의 연속이었다. 그때는 뭘 해도 잘 풀리지 않아 늘 괴로웠다.

대학교를 졸업한 후 작은 부동산 회사에 들어갔지만 입사 10개월 만에 회사가 망했다. 그 후 재취업하지 못해 도박으로 먹고사는 방랑의 나날이 시작되었다. 밤새 마작을 하다가 아침에 귀가해 잠을 자고 저녁에 다시 마작장에 나가는 게 일상이었으니, 한마디로 타락 그 자체인 삶이었다.

그러다 30세를 앞두고 이렇게 살면 안 되겠다고 마음을 고쳐먹었다. 그때 눈길이 머문 곳이 각지에 띄엄띄엄 등장하기 시작한 할인점이었다. 1978년, 악착같이 모아놓은 800만 엔(약 7,402만 원)을 과감하게 투자해 도쿄 니시오기쿠보西荻窪에 약 60m²밖에 안 되는 소형 잡화점 '도둑 시장泥棒市場'을 열었다. 그러나 아무리 물건을 진열해놓아도 잘 팔리지 않았다. 임대료가 월 20만 엔(약 185만 원)인데 매출은 하루 1만 엔(약 9만 원)도 안 될 정도였다. 그래도 어떻게든 장사하는 법을 배우고 만반의 준비를 해서 1989년에 돈키호테 1호점을 열었다. 하지만 이때도 개업한 해에 올린 매출이 5억 엔(약 46억 원)밖에 되지 않아 대규모 적자가 났다. 그 후에도 몇 번이나 밑바닥으로 떨어지는 경험을 했다.

소매업에 도전한 것은 지식도 경험도 인맥도 없던 나로서는 인생을 건 도박이었다. 심지어 실패할 확률이 매우 높은 도박이었다. 실패하면 노숙자가 될 게 뻔했다.

그러나 결과적으로 무일푼이던 내가 2조 엔 규모의 기업 경영자가 되었다. 요즘 찾아보기 힘든 대성한 경영자일 뿐 아니라 거의 유일한 생존자다. 돈키호테를 시작할 당시 일본 전역에 할인점이 중소 규모까지 합쳐 수만 개였는데 지금은 거의 다 사라졌기 때문이다. 심지어 당시 업계 전체 매출에 맞먹는 금액을 지금 돈키호테가 혼자 벌어들이고 있다. 또 나보다 능력이 뛰어나고 열정적이어서 아침 일찍부터 저녁 늦게까지 열심히 일한 경영자도 많았지만, 그들 역시 어느덧 자취를 감추었다. 나는 어떻게 큰 성공을 거둘 수 있었을까? 곰곰이 생각하다 내린 결론이 바로 '운運'이었다.

운은 스스로 통제할 수 있다

여기서 말하는 운은 단순히 "재수가 좋다"라고 할 때의 '재수'

와는 다르다. 지금도 내가 그동안의 경험에 대해 이야기하면 "야스다 씨는 정말로 운이 좋네요"라는 식으로 반응하는 사람이 많다. 그러나 나에게 행운이 특별히 많이 주어진 것은 아니다. 재난을 부르는 '불운'을 '행운'으로 바꾸는 힘을 갖추었을 뿐이다.

나는 사람마다 주어진 운의 총량은 비슷하다고 생각한다. 물론 현실적으로 두드러지게 운이 좋은 사람과 그렇지 않은 사람이 있다. 그러나 그들은 '주어진 운을 어떻게 쓰느냐'가 다를 뿐이다. 즉, 운 좋은 사람이란 '운을 다 쓰는 사람'이고 운 나쁜 사람은 '운을 다 쓰지 못하는 사람' 혹은 '운을 쓸 줄 모르는 사람'이다. 뒤에서 자세히 설명하겠지만 특별히 행운을 부르는 행위, 불운을 부르는 행위도 있다. 예를 들어 운이 좋지 않을 때 발버둥 치거나 남을 탓하면 운이 크게 나빠진다.

다시 말해, 우리는 운을 통제할 수 있다. 행운을 최대화하고 불운을 최소화하면 된다. 모든 인생에는 행운과 불운이 번갈아 찾아오기에 불운을 최소화하고 행운을 최대화하는 것이 중요하다. 운이 나쁠 때는 섣불리 움직이지 않고 기다렸다가 기회가 왔을 때 온 힘을 다해 돌진해야 한다. 나는 이런 식으로 인생과 사업에 운을 최대한 활용해왔다. 나아가 개인의 운을 회사 조직의 '집단 운'으로 전환하면 행운을 더 크게 키울 수 있다.

나는 대기만성형 경영자다. 39세에 돈키호테를 개업했는데 그 후 10년쯤은 회사를 급격히 성장시키는 과정에서 내부적으로 계속 괴로움을 겪었다. 내가 50세를 넘겼을 무렵에야 PPIH의 실적이 놀라운 속도로 성장(성장률이 아니라 금액 기준)했다. 그리고 환갑을 맞은 2010년부터 지금까지 회사가 비약적으로 성장해 매출과 영업이익이 4배 이상으로 늘어났다.

운의 영향력은 개인 차원에서 끝나지 않는다. 특히 회사(조직)의 집단 운은 그 회사의 성장과 발전을 좌우한다. 집단 운을 키우면 모든 구성원이 스스로 열정적으로 돌진하는 최강 군단을 만들 수 있다. 그러면 회사는 크게 성장하고 발전한다.

최근 30년간 가전 회사 등 일본을 대표하는 기업들은 예전의 영광에 반비례하듯 실적이 점점 쪼그라들고 있다. 반면 PPIH의 실적은 2배, 4배, 8배로 폭발적으로 성장하는 중이다. 이것이야말로 우리 회사의 집단 운이 일으킨 기적일 것이다.

운은 결코 숙명이 아니다. 마음먹기에 따라 운을 얼마든지 통제할 수 있지만 사람들은 운을 직접 탐구하거나 진지하게 거론하지 않는다. 단순히 "운이 좋았다", "운이 나빴다"라고 말할 뿐이다.

물론 자연재해 등 사람의 힘으로 막을 수 없는 불운도 있으니, '운은 사람의 인지를 뛰어넘는다'라는 해석을 굳이 반박하지는 않을 것이다. 하지만 그렇다고 해서 '결과를 운에 맡기는 수밖에 없다'라는 고정관념을 인정할 수는 없다. 나는 '운에 맡긴다'라는 말을 제일 싫어한다. 운을 스스로 개척할 수 있다고 믿기 때문이다.

운이란 아무도 말하지 않는 거대한 진실이다. 과거를 돌아보면 나는 항상 운의 강력한 힘에 휘둘리면서도 운을 통제하려고 노력해왔다. 나름대로 운을 과학적으로 분석해 극복할 수 있는 패턴을 찾고 개별 운과 집단 운을 연마한 덕분에 지금의 나와 PPIH가 있다고 확신한다. 그런 의미에서 나 자신을 '운의 산증인'으로 내세우려 한다. 나는 나만의 관점으로 운을 말할 자격이 있는 사람이다.

각자의 행운을 부르는 법

이 책에서는 운을 다루는 현실적 처세술을 설명한다. 현실과 동떨어진 말장난이나 선문답을 늘어놓지 않고, 내가 지금까지 썼던 것 중 가장 확실하고도 효과적인 방식을 설명하며 현실적인 사례를 소개할 것이다. 따라서 이 책은 운에 관련된 흔한 책이나 철학 책, 종교 책과는 관점과 차원이 다른 실용 서적이라 할 수 있다.

마지막으로 이 책을 읽을 때 주의할 점을 말해두겠다. 1장부터 5장까지는 주로 '개별 운'을, 6장부터 7장까지는 '집단 운'을 설명한다. 그리고 8장부터 '나오며'까지는 개별 운과 집단 운을 합한 '종합 운'에 대한 경험과 생각을 소개한다.

각자의 개별 운이 나쁘면 집단 운도 좋아지지 않는다. 즉, 개별 운이 나쁘면 아무 일도 시작할 수 없는 것이다. 특히 나 같은 경영자는 회사의 집단 운이 나쁘면 개별 운도 나빠진다. 그런 의미에서 두 가지는 밀접한 관계인데, 어쨌든 성공을 원한다면 개별 운부터 개선해야 한다는 이야기다. 따라서 일단 개별 운을 다루는 법부터 알아볼 것이다.

이제 운의 세계로 탐험을 떠나보자. 이 책을 다 읽고 나면 행운을 부르는 방법을 빠짐없이 알게 될 것이다.

차례

들어가며 돈키호테가 일으킨 기적의 원천　6

1장 운이라는 신대륙으로 진입하라

운은 하늘에 맡긴다는 착각　21
고독과 소외감 속에 싹튼 꿈　23
처음 마주한 실패의 벽, 그리고 창업　26
금기를 깬 도전, 장사의 참맛을 느끼다　29
창자를 쥐어짜며 활로를 찾다　32
인생 경험치 370세에 보이는 것　35
인생의 기회와 위기를 판단하는 능력　40
운을 믿는 낙관적인 도전자가 되어라　42
운의 게임에서 승률을 올리는 법　44

2장 행운의 최대화와 불운의 최소화

냉정하고 거침없는 자만이 폭풍을 이긴다　51
그 어떤 위기에도 당황하지 마라　54
패배에 굴하지 말고 압도적으로 승리하라　58
기다리며 역전의 기회를 노려라　61
냉정하고 침착하게 전체를 조망하라　63
경영자라면 때로는 과감하게 포기하라　65
성공이 아닌 실패 시나리오를 그려라　68

3장
운의 3대 조건: 공격, 도전, 낙관주의

흔들림 없이 돌진할 것	75
리스크 회피가 최대의 리스크	76
수비보다 공격, 필살의 펀치를 날려라	81
과감하게 도전하고 신속하게 철수하라	82
모험을 즐기는 사람은 반드시 성장한다	86
낙관론자가 성공한다는 증거	89
비기 1 청년의 고독은 인생의 주춧돌이 된다	93

4장
싸우지 않으면 운은 무너진다

용맹한 대장이 강한 부대를 만든다	103
수비만 지향하면 쉽게 무너진다	106
가진 게 많을수록 지키기에 급급하다	108
누구를 곁에 두냐에 따라 운이 요동친다	110
적정 거리가 운을 끌어당긴다	115
인간관계에서 지녀야 할 마음가짐 세 가지	118
독재는 운을 확실히 악화한다	123
비기 2 성공과 실패를 가르는 신용	126

5장
주어를 전환하면 운이 붙는다

거꾸로 생각하면 깨닫게 되는 것들 … 133
욕심과 자아를 버려야 인재가 다가온다 … 135
고객 최우선주의가 중요한 이유 … 137
편견을 깨는 아이디어가 필요할 때 … 140
자기 자신에 대한 집착을 버려라 … 143
나를 아는 힘과 상대를 아는 힘 … 145
정답이라는 쾌락에 의존하지 마라 … 148
비기 3 가설은 반드시 틀린다 … 151

6장
눈덩이처럼 불어나는 '집단 운'

디플레이션을 이기는 단독 인플레이션 … 159
경영자의 운을 조직의 운으로 확장하라 … 162
집단 운을 끌어당기는 권한 이양 … 166
확장성의 함정에 빠지지 마라 … 171
나를 버려 대의를 이루다 … 174
'우리의 성공'을 추구하라 … 177
집단 운을 놓칠 때 벌어지는 일 … 181
불황도 돌파하는 집단 운의 법칙 … 184
비기 4 『원류』는 집단 운을 양성하는 책 … 187

7장
열정이 폭발하는 '집단 운 조직' 만들기

경영자의 한 걸음보다 직원의 반걸음	195
인격보다 강한 힘은 없다	197
결국 사람과 하는 일, 마음을 꿰뚫어라	200
일을 게임처럼, 승리를 공유하라	203
멋진 미래는 다 함께 만들어라	206
집단 운 조직의 전제는 다양성	210
지시와 명령 대신 감사와 부탁으로	214
독재는 조직을 쇠퇴와 멸망으로 이끈다	218
운 좋은 경영자의 결정적 차이	223
비기 5 최고의 리스킬링 참고서	226

8장
압승의 미학

승리가 아닌 압승을 추구하라	233
압승을 탐욕이 아닌 미학으로 이해할 것	234
직원의 행복이 곧 경영자의 행복	237
사업에는 쾌감이 필요하다	239
사욕에서 해방된 삶이란	241
비기 6 성공하는 사업의 비밀	244

나오며 인생의 소용돌이 속에서 깨달은 것들	248
부록 PPIH 그룹 기업 이념집 『원류』	254

1장
운이라는 신대륙으로 진입하라

운은 붙잡는 것도, 지배하는 것도 아니다. 본인이 그릇이 되어 다가서는 것이다. 행운을 어떻게든 잡아보려고 필사적으로 매달려도 튕겨 나갈 뿐이다. 그런 의미에서 운은 사랑과도 비슷하다.

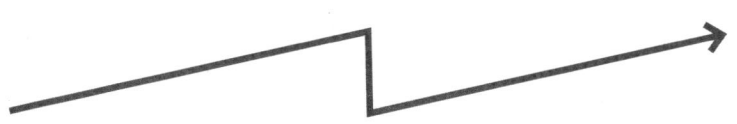

운은 하늘에
맡긴다는 착각

과연 운이란 무엇일까? 우선 이 원초적이고도 심오한 물음에 대해 어떻게 생각하는지부터 밝혀두겠다. 내게 운이란 '누군가가 얻어낸 인생의 결과 그 자체'다. 다시 말해 '운이 좋았다'라는 말은 그 사람이 고난을 겪으면서도 꾸준히 노력하고 행동한 결과, 인생이 더 좋은 방향으로 바뀌었다는 뜻이라 생각한다.

  운은 불확실하고 광대하며 영원히 변하지 않는 우주 같아서 전체 모습과 본질을 명확히 파악하기 어렵다. 하지만 그렇다고 안이하게 사고 정지 상태에 빠져 있으면 안 된다. 역사를 돌아보면 인류는 언제나 의문을 제기해 끈질기게 사고하고 실증하면서 세상의 진리에 다가서려 했다. 그래서 고대부터 천체의 운행을 관측하고 물리학을 발전시켜 우주개발을 추진할 수 있었다. 생물학자들도 의료 분야를 크게 발전시켜 100세 시대를 실현하고 있다.

그러나 우리는 운 이야기만 나오면 인간의 지식이 미치지 않는 영역이라며 진지하게 생각하지 않으려 한다. 그 결과 '운을 하늘에 맡긴다'라는 사고방식, 신비주의적이고 근거 없는 기괴한 이야기만 널리 퍼지게 되었다.

그러한 사고 정지 상태에서 벗어나지 않으면 운이라는 영역은 어떤 진보도 발전도 이루지 못할 것이다. 나 역시 지금까지 운이라는 크나큰 진리에 희롱당하면서도 어떻게든 인생을 통제하려고 노력해왔다. 그런 만큼 누구보다 운을 똑바로 들여다보며 압도적인 증거를 확보했다고 자부한다. 이러한 경험을 바탕으로 운을 개선하는 방법, 악화시키는 방법이 확실히 존재한다고 자신 있게 말할 수 있다. 구체적인 방법론은 각 장에서 말하기로 하고, 우선 내가 살아온 인생을 시간 순서대로 이야기해보려 한다.

고독과 소외감 속에 싹튼 꿈

나는 1949년 기후岐阜현 오가키大垣시에서 태어났다. 아버지는 지방 공업고등학교의 기술 교사, 어머니는 전업주부인 평범한 가정이었다. 아버지는 전형적인 교육자로 성격이 고지식해서 술도 담배도 입에 대지 않았다. 장남인 나도 엄격하게 교육해 공영방송인 NHK 외에는 TV조차 보지 못하게 했다. 틀에 박힌 나날을 무덤덤하게 보내며 작은 일로 일희일비하는 아버지를 보니 '아버지 인생에 재미라곤 없구나'라는 생각이 들었다. 지금이라면 전쟁 직후 어려운 시대에 자식들을 먹여 살리려고 죽을힘을 다해 일한 아버지에게 공감하고 감사하겠지만, 당시에는 '절대 아버지처럼 살지 않겠다'라는 생각만 들었다. 교사이던 아버지를 말 그대로 반면교사反面教師로 여긴 것이다.

나는 옛날부터 괴짜였다. 무모한 장난꾸러기에 심술쟁이였고 근거 없는 자신감이 넘쳤다. 동년배 중에서 비교적 덩치도 좋고 힘도 세고 지는 걸 엄청나게 싫어해서 초등학교 때도 중학교 때도 골목대장이었다. 당연히 공부를 잘할 리 없었고 책상 앞에 얌전히 앉아 수업을 듣는 것조차 힘들어했다.

그러나 어려서부터 나는 내게 특기가 있다는 걸 눈치챘다. 남이 생각하지 못하는 것을 생각하고 직접 실행하는 능력, 주변 사람을 동료로 끌어들이고 많은 사람의 마음을 움직이고 사로잡는 능력이 뛰어났던 것 같다. 뒤에서 설명할 '사람을 열정의 소용돌이로 끌어들이는 힘'을 타고났는지도 모른다.

다만 어릴 때는 미숙해서 상대가 반발하기만 해도 어떻게 해야 할지 모를 때가 많았다. 결국 힘으로 복종시키다 보니 골목대장이라고는 해도 진짜 친구는 하나도 없었다. 게다가 당시 유행하던 TV 프로그램이나 만화에도 흥미가 없었고 패거리끼리 무리 지어 다니는 것도 아주 싫어했다.

열 살 무렵부터 '정말 나만 붕 떠 있구나', '남들과 어긋나 있구나'라고 생각하며 소외감과 고독감을 달고 다녔다. 특이한 내 성격을 의식하면서도 고립되지 않으려고 일부러 평범한 부분을 내세웠다. 그렇게 살다 보니 직감 같은 게 들었다.

'나는 분명 크게 성공하든지 크게 실패하든지 둘 중 하나다.'
'내 인생은 굵고 짧을 것이다.'

어린 시절부터 내 인생이 파란만장할 것이라 예견한 셈이다. 어린 마음에도 소시민의 생활은 너무 지루했다. 보수적인 지방 도시의 답답한 집에서 탈출하기 위해 도시의 대학으로 진학하고 싶었다. 그래서 고등학교 3학년 가을쯤부터 다른 사람이 된 것처럼 열심히 공부해 도쿄의 게이오기주쿠慶應義塾대학교 법학부에 합격했다.

그러나 대학교에 들어가자마자 나는 강한 질투심과 열등감, 후회에 사로잡혔다. 동급생들이 너무 세련되고 멋있었기 때문이다. 특히 부속고등학교 출신인 '게이오 토박이'들은 여자 친구를 차에 태우고 다녔다. 촌스러운 청바지에 스웨터를 걸치고 나막신을 신었던 나는 여자아이들과 대화하기는커녕 눈도 마주치지 못했고, 세련된 녀석들을 진심으로 부러워하고 시샘했다. 그래서 '샐러리맨이 되어 이런 아이들 밑에서 일하는 건 죽어도 싫으니 직접 창업하는 수밖에 없다'라고 생각했다. 처음 창업가를 꿈꾼 순간이었다.

결국 주위 환경에 적응하지 못한 나는 입학 2주 만에 학교에 가지 않고 마작에 빠져들었다. 당연히 유급했고 그 소식을 들은 아버지는 생활비를 끊어버렸다. 지금처럼 여러 아르바이트를 할 수 있는 시대가 아니어서 육체 노동을 했다. 일부러 막노동자 행색을 하고 요코하마橫浜 고토부키寿町 마을의 쪽방촌에 머물며 항만 노동으로 근근이 생계를 이어갔다.

처음 마주한 실패의 벽,
그리고 창업

우여곡절 끝에 대학교를 졸업한 후 경영을 배우려고 작은 부동산 회사에 들어갔다. 그런데 3.3m²당 500엔(약 4,626원)짜리 임야를 별장 터로 속여 1만 엔에 파는 아주 황당한 곳이었다. 한번은 200만 엔(약 1,850만 원)을 겨우 마련해 간신히 계약서를 쓰려는 손님이 있었는데, 상사가 나에게 그 손님이 친척에게 빌려서라도 100만 엔(약 925만 원)을 더 내게 만들라고 지시했다. 선량한 시민을 속이는 모습에 정이 떨어져 '이따위 회사는 그만두자'라고 결심할 즈음, 회사가 파산했다.

'입사한 지 10개월 만에 회사가 망하다니 운이 나쁘다'라고 생각할지도 모른다. 그러나 이 사건은 장기적으로 봤을 때 내 운을 터주었다. 살면서 절대 해서는 안 되는 일, 즉 운을 가로막는 전형적인 행동이 무엇인지 제대로 배웠기 때문이다. 이렇게 뻔뻔한 장사를 하는 회사는 대부분 독재형 경영자가 이끄는 악덕 기업이다. 사회에 도움이 되지 않는 행위를 하거나 독재 기업 혹은 악덕 기업에서 일하면 운이 막혀버린다. 평생 이런 짓만은 하지 말자고 굳게 다짐했다.

회사가 망한 후에도 다시 취업할 생각은 전혀 없었다. 언젠가 독립하려고 일부러 작은 회사를 골랐으니, 뒤늦게 타협해 어중간한 회사에 들어가면 결국 패자의 인생을 살게 될 것이라고 생각했기 때문이다. 그것만은 절대 하기 싫었다. 그래서 현실을 철저히 외면한 채 백수 생활을 시작했다.

시효가 지났으니 털어놓자면 당시 나는 마작 전문 도박사로 생활했다. 궁지에 몰린 나에게 남아 있는 단 하나의 특기가 마작이었다. 대학교 때 마작에 빠져 살았던 덕분에 졸업할 무렵에는 실력이 전문가 못지않았다. 마작 세계에 프리랜서가 거의 없었을 때라 일반 마작장에 다니면서 자리가 빌 때마다 테이블에 앉을 수 있었다. '여기서 지면 끝이다'라는 벼랑 끝 승부에서 몇 번이나 아슬아슬하게 이기며 입에 풀칠했다. 그렇게 운과 매일 치열하게 싸웠다.

좀 더 털어놓자면 나중에 '도둑 시장'을 창업할 때 가지고 있던 개업 자금 약 800만 엔도 마작으로 벌어 죽어라 모은 돈이었다. 도박 수익을 종잣돈 삼아 시작한 사업을 2조 엔 규모로 키운 것이다. 보통은 사업으로 벌고 도박으로 잃는데 그 반대로 했으니 아주 희귀한 사례일 터이다.

지금은 소위 억만장자로 불리지만, 당시 나는 공원에 세운 천막 앞에서 식판을 들고 줄 서 있는 사람들과 종이 한 장 차이였다. 과장이 아니라 내 백수 생활은 그야말로 외줄을 타듯 하루하루가 아슬아슬했다. 그때 한 걸음만 헛디뎠으면 노숙자로 전락했을지도 모른다.

하지만 그런 생활도 6년 만에 끝났다. 당시 나는 밤새 마작을 하고 아침에 귀가했다가 저녁에 일어나 마작장에 나가는 일상을 반복했다. 아침에 집에 가려고 역에 들어설 때마다 출근하는 사람들이 전철에서 우르르 쏟아져 나왔다. 나만 그 흐름을 반대로 거스르고 있었다. 그럴 때마다 '나는 세상과 동떨어진 삶을 사는구나' 싶어 새삼 쓸쓸해졌다. 그리고 '대학까지 나와서 대체 뭘 하는 거지?'라는 당연한 의문이 떠올랐다.

'그러면 사업으로 성과를 내보자. 단순한 마작꾼으로 내 인생을 끝낼 수는 없어!'

이런 생각이 들 무렵, 마침 '운 좋게' 마작계에서 추방당했다. 20대 애송이가 실력이 너무 좋아졌기 때문이다. 게임에서 이길수록 사람들이 나를 꺼리니 대결할 상대를 찾기 어려웠다. 다시 말해 직장을 잃은 탓에 손을 씻을 수밖에 없었던 셈이다.

내가 대체 뭘 할 수 있을까 생각해봤지만 나에게는 기술도 인맥도 돈도 없었다. 그래서 하는 수 없이 고른 선택지가 장사였다. 그즈음 일본 전역에 할인점이 하나둘 생겨났는데 어느 매장에 들어가든 무뚝뚝한 점주가 손님을 힐끗 볼 뿐 인사도 제대로 하지 않았다. 그래서 안이한 마음으로 '이거라면 나도 할 수 있겠다'라고 생각한 것이다.

금기를 깬 도전, 장사의 참맛을 느끼다

이렇게 해서 29세 때인 1978년 도쿄 니시오쿠보에서 돈키호테의 원형이 된 할인점 '도둑 시장'을 열었다. 기왕 마작을 완전히 끊고 건전한 일을 시작했으니 백수였던 6년 동안 배운 것을 장사와 경영에 아낌없이 활용하자고 결심했다.

그 6년이 나의 원점이다. 그 세월 동안 온갖 이상한 인간

돈키호테의 원형이 된 할인점 도둑 시장.
새로운 영업 방식으로 유통업의 편견을 깨며 번창했다.

이 날뛰는 마작장에서 가지각색의 관계를 경험했다. 그뿐 아니라 생사를 걸고 운과 싸우는 동안 인생 필승법, 실천적 MBA를 배웠다. 물론 학술적 MBA(경영학 석사과정)와는 반대되는 체험학습이었지만 이것도 경영자로 사는 데 큰 도움이 되었다.

나는 벽에 부딪힐 때마다 과거 경험을 떠올리며 곰곰이 생각하고 나만의 가설을 세워 행동으로 옮기고 검증했다. 지금도 가설과 검증을 거듭하고 있다. 그리고 그 가설의 밑바탕에는 절대적이고도 확실한 '운'이 존재한다.

도둑 시장을 개업하고 한동안 크게 고생했다. 그도 그럴 것이, 말 그대로 맨주먹뿐인 문외한이 '싸면 뭐든지 팔릴 거야'라는 단순한 생각으로 장사를 시작했으니 처음부터 잘될 리 없었다. 세상은 그렇게 호락호락하지 않다.

그래도 목숨 건 고군분투, 오감을 총동원한 궁리와 노력으로 지금 돈키호테의 명물로 불리는 압축 진열과 POP Point of Purchase◆ 홍수, 심야 영업 등의 아이디어를 생각해냈다. 나중에 자세히 말하겠지만 유통업 상식상 '금기'로 통하던 방식에 계속 도전하면서 도둑 시장은 아주 독특한 가게로 크게 번창했다.

그러다 5년 만에 도매업에 진입하려고 도둑 시장을 매각하고 현금 도매업체 '리더リーダー'를 창립했다. 이 역시 몇 년 되지 않아 간토関東 지역 최대의 할인점 전문 도매상이 되었다. 연간 매출이 50억 엔(약 463억 원)을 넘을 정도였지만 나는 여전히 만족하지 못했다. 상품 매입 경로나 판로가 제한된 특수 현금 도매업이어서 규모를 확대하기 어려웠다. 그래서 '도둑 시

◆ 구매 시점 광고. 소매점 내에 설치하는 광고. —옮긴이

장' 경영으로 배운 독특한 영업 방식, '리더'를 통해 쌓은 자금력과 상품력으로 소매업에 다시 도전하기로 마음먹었다. 그렇게 1989년 돈키호테를 개업했다.

창자를 쥐어짜며
활로를 찾다

그러나 그 후로도 고난이 이어졌다. 2장에서 자세히 다루겠지만 1999년에는 심야 영업을 둘러싸고 일어난 지역 주민들과의 마찰이 돈키호테 반대 운동으로 번졌다. 5년 후인 2004년에는 돈키호테를 노린 연속 방화 사건이 발생했다. 같은 해 12월 13일에는 우라와카게浦和花月점이 습격당해 종업원 3명이 희생되는 대참사까지 일어났다.

속수무책이었다. 그대로라면 남은 것은 죽음뿐이었다. '이제 내 인생도 끝인가'라는 생각에 사로잡힐 때마다 괴로워서 발버둥 치고 끙끙거리며 고민했다. 냉정하게 논리적으로 생각할 정신이 없었다. 말 그대로 창자 밑바닥을 쥐어짜듯 필사적으로 살아남을 길을 궁리했다. 참고로 PPIH의 사보 이름이 '창자'인데, 이 말은 역경을 딛고 일어나 눈앞에 있는 벽을 깨부수는 힘을 상징한다. 어쨌든 당시에는 '소 잃고 외양간 고치기'든 '언 발에 오줌 누기'든 상관없었다. 어떻게든 살아남으려고 머리를 쥐어뜯으며 고민했다.

해결책을 궁리할 때는 문제점이 어디에서 비롯되었는지부터 명확히 인식해야 한다. 유리로 된 콜라 병을 떠올려보자. 그 병처럼 목이 좁아져 흐름이 정체되는 곳을 '병목'이라고 한다. 내 머릿속에는 늘 이런 병목이 여러 개 존재한다. 여기서 저기로 가고 싶은데 병목에 걸려 움직이지 못한다면, 어떻게든 그 지점만 통과하면 문제가 단숨에 해결된다는 뜻이다.

그래서 말 그대로 매일 창자를 쥐어짜고 시행착오를 거듭했다. 그러다 보면 어느 날 갑자기 병목을 스르르 빠져나가는 순간이 온다. 불 붙은 사고 회로에서 좁은 틈을 빠져나갈 방법이 탁 튀어나오는 것이다. 반신반의하는 마음으로 시도하면 멋지게 들어맞아 새로운 성장과 확대의 길이 열린다. 나와 PPIH가 이룬 성공 역사는 이런 과정의 반복이었다.

오늘날 PPIH는 모두에게 인정받는 국제적 복합 유통 기업이다. 창업 이후 34년 연속으로 매출과 이익이 증가한 기업은 일본의 상장 기업 약 3,900개 사 중 PPIH가 유일하다. 더 주목할 것은 PPIH가 '잃어버린 30년'으로 불리는 일본의 경기 침체에도 아랑곳없이, 아니 오히려 침체를 역이용하듯 독주를 계속했다는 것이다. '기적'으로 불릴 만도 하다.

한번 생각해보자. 시시각각 변화하는 외부 환경이나 돌발 사건(지진 등 천재지변, 리먼 브러더스 사태 및 코로나19 팬데믹 등 경제 이변)을 맞닥뜨리다 보면 수익 기반이 견고한 초우량 기업도

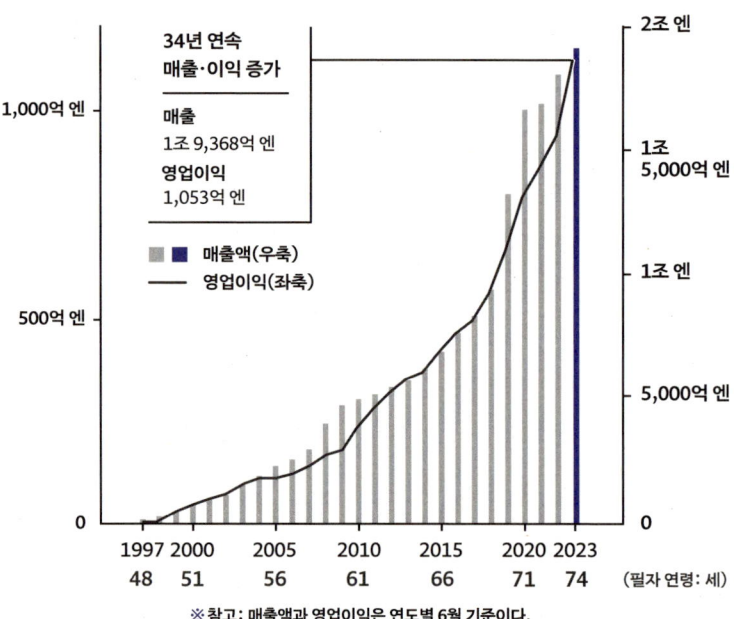

PPIH의 매출 및 영업이익 추이

※ 참고: 매출액과 영업이익은 연도별 6월 기준이다.

30년 넘게 우상향을 유지하며 성장하기 어렵다.

그런데 PPIH는 어떻게 기적을 일으킬 수 있었을까? '안티anti 체인 스토어'로 대표되는 독특한 역방향 경영 정책, 철저한 권한 이양 및 개별 점포 우선주의, 다른 회사가 쉽게 흉내 낼 수 없는 조직 구조, 업태의 유일성 등 이유는 다양하겠지만 그것만으로는 기적을 일으킨 이유를 설명하기 어렵다. 우리가 구축한 독특한 전략도 어디까지나 기적의 필요조건일 뿐이다.

그렇다면 기적의 충분조건은 무엇이었을까? 그것은 '운'이라고밖에 말할 수 없다. 우리도 지금까지 30년간 끊임없이 격변과 격동을 겪었고 존폐 위기에 내몰린 적도 한두 번이 아니다. 그런데도 꾸준히 매출과 수익이 늘어난 것은 창업자인 내가 '운을 잘 활용하는 사람'이었기 때문이다. 나는 그렇게 자부한다.

인생 경험치 370세에
보이는 것

나는 75세지만 지금까지 말했다시피 보통 사람보다 훨씬 파란만장한 삶을 살았다. 지금은 매출 2조 엔을 자랑하는 PPIH 창업자로 성공했다고 인정받지만 젊을 때는 빈털터리가 되기도 했고 엄청난 곤경에 빠지기도 했다. 인생 경험으로만 보면 실제 나이의 5배인 370세쯤 되었다고 해야 할 것이다. 성공과 실패를 경험한 횟수와 그 진폭이 보통 사람의 5배 이상 되기 때문이다.

370년간의 경험에 비추어 운이라는 희한한 개념을 생각하니 다양한 진실이 보인다. 그 진실을 요약하자면 '운은 본인의 의지와 노력에 따라 어느 정도 통제할 수 있다'라고 할 수 있다. 모든 사람에게 주어지는 운의 총량은 비슷하다고 생각한다. 행운을 불러들이느냐, 불운을 불러들이느냐에 따라 사람마다 운용할 수 있는 운의 양이 달라질 뿐이다. 운 좋은 사람은 '운을 다 쓰는 사람'이고 운 나쁜 사람은 '운을 다 쓰지 못하는 사람' 혹은 '운을 쓸 줄 모르는 사람'이다. 그런 의미에서 이 책에서 정의하는 '운'이란 본인의 행동에 따라 다르게 작용하는 '변수'인 셈이다. 누구나 평등하게 경험하는 운의 변화를 잘 포착해야 사업과 인생에서 성공할 수 있다.

어떤 사람들은 성공에도 다양한 종류가 있다고 한다. 사회적, 경제적 성공뿐만 아니라 사회·경제적으로 성공하지 못했더라도 개인적으로 편안함과 만족감을 얻는 것도 성공이라고 말한다. 나도 그 생각에 동의한다. 그러나 이 책에서는 주로 전자 또는 전자와 후자를 동시에 실현한 사람을 성공한 사람으로 정의할 것이다.

지금까지의 이야기에 다양한 반론을 제기할 수 있다. "전쟁이나 재해에 휘말리는 등 개인의 의지와 노력으로 피할 수 없는 불운도 있다"라고 할 수도 있다. 제2차 세계대전 중 박해당한 유대인, 현대의 일부 독재국가에서 배고픔과 박해에 시달리는 사람, 아무 죄 없이 전쟁에 휘말린 우크라이나 사람 들을 보면 개인의 의지와 노력이 통하지 않을 때도 있는 듯하다.

반론을 제기하는 것은 충분히 이해한다. 이 순간에도 괴로움을 당하는 사람들을 생각하면 가슴이 아프다. 그렇지만 이 책에서는 그런 특수하고 불가피한 현상은 다루지 않을 것이다. 이야기를 긍정적이고 진취적인 방향으로 이끌어가기가 어렵기 때문이다. 그래서 일반적 환경에서 운을 통제하는 일에 대해서만 이야기하려 한다.

우선 주어진 현실에서 최선을 다하는 것이 중요하다. 그 후 불가피한 재난을 당한 사람들을 어떻게 도울지 생각해도 되지 않을까? 반대 경우도 마찬가지다. 복권에 당첨되는 등의 행운도 극히 소수에게만 일어나는데, 이것도 특수한 현상이므로 따로 언급하거나 고찰하지 않을 것이다.

부처가 말한 생로병사, 즉 태어나는 것, 나이 먹는 것, 병드는 것, 죽는 것 등 '사고四苦' 역시 피할 수 없다. 그러나 나는 그런 일을 고민하는 데 에너지를 쓰지 않는 편이다. 쓸데없이 힘을 빼앗길 뿐만 아니라 더 심한 악운을 불러들일 수 있기 때문이다. 다시 말해 불가피한 것에 대해 체념하는 자세도 행운의 바탕이 된다. 운을 틔우는 데 체념이라는 요소가 강하게 작용한다.

'운은 선천적으로 정해지는 것 아닌가?', '운이 좋아도 가위바위보 같은 게임에서 연속으로 이기기는 어렵지 않나?'라고 생각할지도 모르겠다. 우선 장기적인 '운'과 단기적인 '재수'는 완전히 다르다는 사실을 밝혀두겠다. 결론부터 말하자면 승부 등 단기적 운인 재수를 통제하기란 불가능하다. 그렇다고 실망할 것은 없다. 인생과 사업의 중·장기적 운은 충분히 통제할 수 있기 때문이다. 적어도 개별 운은 본인의 의지와 노력으로 어느 정도 통제할 수 있다.

중·장기 운을 통제하는 방법을 구체적, 논리적으로 정리한 문헌은 내가 아는 한 거의 없다. 운은 개념이 아주 다양한 데다 뚜렷한 변화 요소를 포함하므로 전제를 설정할 수 없기 때문이다. 다만 나는 확률에 따라 '대체로 이렇게 될 것이다'라는 패턴을 확실히 인식하고 있다.

그래서 이 책을 통해 다양한 실제 사례를 공유하며 그 패턴을 정리하고 밝히려 한다. 운을 과학적으로 증명하려는 것은 아니다. 과학적 증명이란 '이렇게 하면 예외 없이 이렇게 된다'를 담은 명제인데, 인생은 한 번뿐이므로 운은 과학적 증명의 대상이 될 수 없기 때문이다. 원칙적으로 100% 재현성에 기반해 확정된 이론을 요구하는 과학과 운은 애초에 차원이 다르다. 운은 최종 '복잡계'에 속한 현상으로, 지진같이 정확하게 예측할 수 없다. 그러나 천재지변은 예측할 수 없더라도 내일이나 며칠 후 날씨는 상당한 확률로 맞힐 수 있다. 물론 때때로 틀리지만 사람들은 일기예보를 비과학적이라고 말하지 않는다.

확률적으로 '거의 이렇게 된다'라고 확신한다면 널리 알리는 게 좋다고 생각한다. 찬반양론이 있고 이런저런 비판도 받겠지만 그래도 자세히 밝히는 게 나을 것이다. 370년분의 인생을 체험한 사람으로서 만감이 교차하는 가운데 많은 사람에게 전하고 싶다. 나라는 존재가 세상에서 사라지기 전에, 지금까지 감사했다는 인사를 겸해서 말이다.

인생의 기회와 위기를
판단하는 능력

———

세상에는 운에 대한 감수성이 풍부한 사람과 부족한 사람이 있다. '운 감수성'이 부족한 사람은 아무리 머리가 좋고 유능해도 직업이나 인생에서 상당한 잘못을 저질러 손해를 본다. 반대로 운 감수성이 풍부한 사람은 다소 약점이 있어도 꿋꿋하게 성공을 거둔다.

가까운 예를 들어 민망하지만, 우리 회사 영업에서 중심이 되는 지사장들을 보면 연령대가 대부분 30대에서 40대 초반이다. 학생 때 공부를 아무리 잘했거나 유능하더라도 젊은 나이에 그 정도 요직에 오른 사람은 많지 않을 것이다. 그 차이는 다름 아닌 운 감수성에서 시작된다. 운 감수성은 단순한 지능이나 근면성과는 무관하다. 그리고 나중에 자세히 설명하겠지만 운 감수성은 대부분 '인간 대 인간'의 문제로 귀결된다.

요즘은 제목에 '운을 붙잡는다' 또는 '운을 지배한다'라는 문구가 들어간 책을 서점에서 자주 본다(실제로 읽은 적은 없다). 그러나 체험에 비추어 말하자면 운은 붙잡는 것도, 지배하는 것도 아니다. 본인이 그릇이 되어 다가서는 것이다. 행운을 어떻게든 잡아보려고 필사적으로 매달려도 튕겨 나갈 뿐이다. 그런 의미에서 운은 사랑과도 비슷하다.

좀 더 쉽게 설명해보겠다. 운 감수성이란 자신에게 순풍이 될 기회, 역풍이 될 위기를 판단하는 능력을 가리킨다. 사업 현장에서 두드러지게 운이 좋은 사람들은 대부분 잠재적 기회와 위기를 판단하는 능력이 매우 뛰어나다. 다시 말해 운 감수성의 달인이다.

어떤 인생에나 행운과 불운이 찾아온다. 그러나 무언가를 이루려 할 때 운이 순풍이 되느냐, 역풍이 되느냐에 따라 결과가 엄청나게 달라진다. 솔직히 말해 개인의 능력과 역량, 정신력 등으로 운의 역풍을 극복하기란 불가능에 가깝다. 그렇다면 운이 좋지 않을 때는 섣불리 발버둥 치지 말고 기다렸다가 운이 좋아졌을 때 순풍을 타고 단숨에 상승하는 것이 필승 패턴일 것이다.

나는 백수로 살던 시절에 운 감수성에 눈을 떴다. 그야말로 밑바닥 같았던 6년이라는 시간이 행운을 끌어당기는 성공의 씨앗과 원천으로 가득했던 듯하다. 마작으로 먹고사는 동안 매일 운과 치열하게 싸웠다. '여기서 지면 끝이다'라는 벼랑 끝 승부에서 몇 번이나 아슬아슬하게 이겨 목숨을 부지했다. 그런 일이 계속되니 소위 '봉'들이 나를 멀리하게 되어 기세등등한 백전노장 같은 전문 마작꾼을 상대하게 되었다. 그런 사람과 숨 막히는 진검승부를 펼치면서 '운의 흐름'과 '승부의 핵심' 등을 꿰뚫어 보는 눈이 생긴 듯하다. 순풍과 역풍, 옆바람 등 바람을 느끼고 반응하는 능력이랄까? 일본에는 '바람을 읽는다'라는 말이 있는데 그런 감각(체감)과도 비슷할 것이다. 흐름이 내게 왔다고 느끼면 밀고 나가고, 운이 좋지 않다고 느끼면 무리하지 않고 지켜본다. 그 덕분에 큰 낭패를 피한 적이 많다. 이렇게 운 감수성을 연마한 덕분에 노숙자로 전락하지 않고 지금에 이르렀다.

운을 믿는 낙관적인 도전자가 되어라

운의 흐름을 잘 읽으려면 '운 안테나'를 꼿꼿이 세우고 '운 레이더'를 촘촘히 둘러야 한다. 그렇다고 우연을 기대하면서 되는대로 살다 보면 안테나의 감도가 떨어져 행운이 다가와도 알아채지 못한다. 무언가를 해야겠다는 의욕이 충만한 상태로 안테나를 세워야 행운이든 불운이든 민감하게 알아챌 수 있다. 그리고 안테나건 레이더건 전원이 없으면 아무 의미 없다. 전원 역할을 하는 것이 본인 내면에 갖춰진 혹은 길러진 운의 '실재감'이다. 운을 종잡을 수 없는 환상이 아니라 확실히 존재하는 기운으로 느껴야 한다. 이것이 자신에게 늘 운이 함께한다고 인식하는 힘, 즉 '운을 믿는 힘'이 된다. 이러한 운의 실재감이 모든 힘의 원천이다. 독자 여러분의 내면에도 운의 실재감이 싹트길 간절히 바란다.

다음으로 알아둘 것은 미래를 희망차게 보는 '낙관론자'에게 행운이 찾아온다는 사실이다. 비관론자에게는 행운이 찾아오지 않는다. 사실 낙관론자는 비관론자보다 승률이 훨씬 높으므로 승리를 쌓아 올려 빨리 성공에 이른다. 위험을 두려워하며 아무것도 하지 않는 비관적인 사람이 아니라 무언가 이루려고 항상 시도하는 낙관적인 '도전자'가 성공한다는 것은 상식이다. 어느 시대든 위험을 무릅쓰지 않으면 크게 성공할 수 없다. 운을 끌어당기려면 우선 도전자가 되어야 한다.

내 인생도 도전의 연속이었다. 도둑 시장으로 소매업에 진입한 지 얼마 되지 않아 갑자기 도매업으로 업태를 바꾸었다가 다시 소매업으로 돌아왔다. 도둑 시장을 개업했을 때는 전문 기술이나 특기는커녕 돈도 연고도 전혀 없었다. 그런데도 나는 늘 주제넘은 목표를 향해 돌진했다. 남들이 들으면 코웃음을 칠 만큼 큰 꿈에 도전한 것이다. 주위 사람들 눈에는 주제를 전혀 파악하지 못하면서 꿈꾸기만 좋아하는 바보처럼 보였을 것이다.

그럼에도 언제나 '나는 잘될 것 같다'라는 근거 없는 자신감이 있었다. 어디서 그런 자신감이 솟아났을까? 벽에 부딪혀 고뇌하고 발버둥 치는 와중에도 여기저기 남아 있는 작은 희망의 불꽃이 사그라지지 않았다. 그 불꽃을 열심히 모으면서 온 힘을 다하다 보니 운이 조금씩 틔었나 보다.

운의 게임에서
승률을 올리는 법

이번 장을 끝맺으며 운을 과학적 관점으로 생각해보자. 혹시 '대수의 법칙'을 아는가? 통계학과 확률론에서 중요한 기본 법칙으로, 많은 기업과 산업(보험업이나 금융업, 주식시장이나 도박장 등)에 응용된다. 대수의 법칙은 전혀 어렵지 않다. 단순히 '표본

수가 많을수록 표본의 평균이 모집단 전체의 평균에 가까워진다'라고만 이해하면 된다.

예를 들어 주사위를 던졌을 때 특정한 수가 나오느냐 마느냐는 우연으로 정해진다. 하지만 던지는 횟수가 늘어날수록 그 숫자가 나올 확률이 6분의 1에 가까워진다. 동전을 던져 앞이나 뒤가 나올 확률 역시 던지는 횟수가 늘어날수록 각각 2분의 1에 가까워진다. 도전 횟수가 늘면 확률이 일정한 값에 가까워지는 것이다.

반대로 도전 횟수가 줄어들면 주사위에서 특정한 수가 나오느냐 마느냐, 그리고 동전의 앞 또는 뒤가 나오느냐 마느냐가 우연에 좌우된다. 주사위라면 어떤 수가 나올지 전혀 예상할 수 없고 동전이라면 앞이나 뒤가 연속으로 나올 수도 있다. 이렇게 통계의 변동성이 커지면 결과를 전혀 예상할 수 없다. 앞에서 말한 '단기적 재수'가 이런 우연을 가리킨다.

현명한 독자라면 눈치챘겠지만 '운의 경영', 즉 '중·장기적 인생의 운 통제'가 대수의 법칙에 기반한 수법이다. 내가 이 이론을 과학적으로도 자신 있게 주장하는 이유다. 표본 수가 많을수록 운을 틔우는 행위가 무엇이고 막는 행위가 무엇인지 명확히 알 수 있다. 그러므로 계속 도전해 표본 수를 늘리는 것이 무엇보다 중요하다.

도박을 한 번이라도 해본 사람은 알겠지만 '공제율'이라는 것이 있다. 각종 도박장이나 카지노에서 하우스(노름판 주인)가 플레이어보다 얼마나 우위에 있느냐를 나타내는 수치(기본적으로 수수료율)인데, 말할 것도 없이 공제율이 높을수록 하우스가 플레이어를 이길 확률이 높아진다.

공제율은 베팅이나 게임 종류에 따라 다르다. 복권이나 스포츠 복권 등 완전 사행성 게임을 제외한 일본 공영 도박의 공제율은 25%인데, 이는 세계에서도 유례를 찾아볼 수 없을 만큼 높은 수치다. 그러나 마작은 장소 사용료를 낼 뿐 공제율이 0이다. 그런 의미에서 운과 실력에만 좌우되는 순수한 도박이라 할 수 있다. 그 덕분에 나도 온 힘을 다해 실력을 연마해서 마작으로 생계를 유지할 수 있었다.

어쨌든 아무리 요율이 낮다고 해도 공제율이 있는 한 단기 재수가 아주 좋은 사람을 제외하고는 어떤 플레이어든 결코 중·장기적으로 하우스를 이길 수 없다. 게임을 하면 할수록 대수의 법칙이 작용해 수익률이 공제율에 가까워지기 때문이다.

그래서 우리는 운의 게임에서 플레이어가 아닌 하우스가 되어야 한다. 운의 공제율은 내 마음속 '운의 알고리즘'이라는 변수(구체적으로는 타율과 타점의 미묘한 조합)에 따라 그때그때 달라진다. 간략하게 말로 표현하기 어려운 개념이라 다음 장부터 차차 설명해보겠다.

> ● **1장 포인트** ●
>
> ✔ 중·장기적 운은 본인의 의지와 노력으로 통제할 수 있다.
> ✔ 운 감수성을 연마해 잠재적 위기와 기회를 파악한다.
> ✔ 비관론자보다 낙관론자가 운이 좋다.

2장

행운의 최대화와 불운의 최소화

인생이 길다지만 대운 같은 큰 기회는 여러 번 찾아오지 않는다. 눈앞에 기회가 다가왔을 때 어떻게든 붙잡겠다는 생각으로 돌진해야 한다. 그렇게 행운을 최대화해야 다음에 또 다른 행운이 찾아오기 때문이다.

냉정하고 거침없는 자만이
폭풍을 이긴다

신문, 잡지, TV 등의 인터뷰에서 크게 성공한 경영자나 사업가에게 성공 요인을 물었더니 운이 좋았다고 답하는 것을 자주 보았을 것이다. 나도 비슷한 질문을 받으면 대개 그렇게 대답한다. 그러나 내가 그렇듯 그 대답은 본심이 아니다. 모두 마음속으로 이렇게 생각할 것이다.

'운이 좋았던 것은 사실이지만 그 운을 불러들이고 활용한 건 결국 나야.'

본심을 말하지 않는 것은 오만불손한 이미지를 주어 엉뚱한 오해나 질투를 살 위험이 있기 때문이다. 그래서 '운이 좋았다'라고 무난하게 답하는 것이다.

나는 사람마다 운의 총량은 비슷하다고 생각한다. 물론 현실적으로 운이 두드러지게 좋은 사람과 그렇지 않은 사람은 있다. 그래도 그들 역시 '주어진 운을 어떻게 썼느냐'에 따라 성과가 달라질 뿐이다. 앞에서도 언급했다시피 운 좋은 사람이란 '운을 다 쓰는 사람'이고 운 나쁜 사람은 '운을 다 쓰지 못하는 사람' 혹은 '운을 쓸 줄 모르는 사람'이다. 즉 각자에게 주어진 운은 비슷하지만 그것을 어떻게 활용하느냐에 따라 인생의 결과가 크게 달라진다.

'길흉화복은 꼬인 매듭과 같다'라는 말이 있다. 불운과 행운은 대개 번갈아 오지만 동전을 던졌을 때처럼 뒤(불운)가 연속으로 나오거나 앞(행운)만 나오기도 한다. 불운과 행운이 어떤 순서로 찾아올지 예측하기는 어렵지만 앞 장에서 이야기한 대수의 법칙을 적용하면 최종 확률은 누구에게나 거의 절반이 된다.

특히 나처럼 과감한 도전을 반복한 창업자 겸 경영자는 행운을 많이 만나는 만큼 불운도 많이 겪는다. 전문 등산가가 험한 산을 여러 번 오를수록 조난당할 위험이 커지는 것과 같다. 또 행운과 불운의 진폭도 매우 커져서 큰 성공을 거머쥐는 한편 목숨이 위험해질 만큼 큰 재난을 당하기도 한다. 그런 낙차에 당황하지 않으면서 냉정하고 거침없이 대처해야만 운의 폭풍을 이길 수 있다.

그러면 행운이나 불운이 찾아왔을 때 어떻게 대처해야 할까? 결론부터 말하자면 최선의 방법은 행운을 최대화하고 불운을 최소화하는 것이다. 즉 행운이 찾아왔을 때 어떻게 그 행운을 최대화하고, 불운이 찾아왔을 때 어떻게 그 불운을 최소화하느냐에 따라 운의 총량이 달라지는 것이다.

자칫하면 불운이 찾아왔을 때 초조해진 나머지 손실을 어떻게든 만회하려 하기 쉽다. 그러나 섣불리 움직이면 상처가 더 커지기 때문에 운이 좋지 않을 때는 불운을 최소화하는 데 집중해야 한다. 적어도 나는 불운이 찾아왔다 싶으면 나 자신을 억제하며 아무것도 하지 않으려 한다.

이렇게 불운(위기)을 견디고 나면 행운(기회)이 온다. 앞서 '진폭'을 언급했는데, 운이란 이전에 경험한 불운의 크기에 반비례해 이후에 겪을 행운도 커지는 경향이 있다. 그럴 때는 '순풍만범順風滿帆(순풍에 돛을 단 배처럼 특기를 발휘할 호기가 찾아와 신바람 나게 일하는 모습)'이니 엔진을 활짝 열고 레버리지leverage(지렛대)◆를 최대한 활용해 행운을 최대한 증폭시켜야 한다. '운을 다 쓰는' 데 온 힘을 쏟는 것이다.

그 어떤 위기에도
당황하지 마라

실제 사례를 들어 설명해보겠다. 나는 회사를 경영하면서 '불운의 최소화와 행운의 최대화'가 얼마나 중요한지 절감했다. '길흉화복은 꼬인 매듭과 같다'라는 말을 우리 회사만큼 여실히 증명하는 기업도 없을 테니 말이다. 우리는 실제로 밑바닥으로 떨어질 때마다 위기를 이겨내고 큰 복을 불러들였다.

1995년 이후 돈키호테는 다점포 체제를 본격적으로 적용하며 공격적 경영에 나섰다. 그때부터 매출을 기세 좋게 늘려 1996년에는 연간 매출 100억 엔(약 925억 원)을 달성했고 같은

◆ 기업 등이 차입금 등 타인의 자본을 지렛대처럼 이용해 자기자본의 이익률을 높이는 일. —옮긴이

해 12월에는 주식도 상장했다. 1997년 8호점인 신주쿠新宿 점을 개업한 후에는 상업 잡지에 '돈키호테의 파죽지세 진격'이라는 특집이 실릴 만큼 '돈키호테 돌풍'이 강하게 일어났다. 일본의 거품이 붕괴된 후 경쟁사가 쓰러지는 중에도 우리 회사는 순풍에 돛을 단 배처럼 순조롭게 성장하고 발전했다.

하지만 그런 행운의 절정에서 갑자기 큰 불운이 닥쳤다. 1999년 6월에 개업한 이쓰카이치카이도五日市街道 고가네이小金井 공원점 주변 주민들이 '밤 11시 폐점'을 요구한 것이다. 야간 소음 때문이었다. 이를 계기로 지역 주민, 시민 활동가 들이 대규모 돈키호테 반대 운동을 시작했다. 물론 우리 회사는 당시 대점법(대규모 소매 점포 법)에 따라 점포를 신설하고 영업해왔으므로 심야 영업에는 법적으로 아무런 문제가 없었다. 그래서 나는 처음에 "요구를 들어줄 이유가 없다"라며 사내·외에 강경한 태도를 보였다.

그것이 문제였다. 이 반대 운동이 다른 지역까지 번져 출점 반대 운동을 촉발한 것이다. 내 필사적인 주장은 요란한 감정싸움으로 뒤덮였고 매체들은 기다렸다는 듯 '나쁜 돈키호테론'을 부채질했다.

'심야에 영업하는 급성장 기업과 주민의 싸움'이라는 뉴스는 흥미 위주 보도 프로그램의 소재로 안성맞춤이었고 '이기적인 기업과 주민의 싸움'이라는 일방적인 구도로 설정되었다. 반론을 제기할수록 매체들이 더욱 끈질기게 달려들어 돈키호테를 악당으로 만들었다. 개미지옥에 빠진 듯한 상황이라 손쓸 도리가 없을 지경이 되었다. 돈키호테는 창업 이래 최대의 경영 위기에 직면했다.

반대 운동이 벌어진 지 1년 후인 2000년에 방침을 급히 바꾸었다. '지금은 매체의 비난을 묵묵히 버티며 수비에 전념할 때'라고 마음을 고쳐먹은 것이다. 그러고 나니 내 미숙함뿐만 아니라 돈키호테가 반성할 점이 뚜렷이 보였다. 이러한 반성을 바탕으로 주민들의 의견과 요구를 반영한 환경 대응형 점포 개발 방식을 만들었다. 나아가 점포 주변을 청소하고 경비원의 순찰 및 관리를 강화하는 등 지역 봉사 활동에도 신경 썼다.

결과적으로 이 대처가 '불운의 최소화'를 불렀고 우리 회사에 새로운 행운을 가져다주었다. 때마침 같은 해 6월에 기존 대점법을 대신할 대점입지법(대규모 소매 점포 입지 법)이 시행된 것이다. 대점입지법은 환경보호를 위한 법이었으므로 우리 회사에 든든한 아군이 되어주었다. 덕분에 강력한 주민 반대 운동은 수습되었고 신규 매장 오픈이 다시 원활해졌다. 행운의 절정에서 큰 불운을 만났지만 그 불운을 가까스로 견뎠더니 곧바로 행운이 찾아온 것이다. 행운의 최대화와 불운의 최소화라는 내 지론이 증명된 사건이었다.

주민 반대 운동에서 얻은 또 하나의 교훈은 행운을 최대화해야 불운이 최소화된다는 것이다. 즉, 행운의 최대화가 운을 통제하는 첫걸음이라고 할 수 있다. 좀 더 쉽게 설명해보자. 행운이 찾아왔을 때는 운을 최대한 활용해 결실을 확보하고 불운이 찾아왔을 때를 위한 보험으로 그 결실을 비축하면 된다. 그러면 역풍이 불어도 충분히 견딜 수 있으므로 마음의 여유를 갖고 불운을 최소화할 수 있다.

돈키호테 역시 운이 좋을 때는 인기 점포를 여럿 배출하는 등 엔진을 활짝 열고 '행운의 최대화'에 전력을 기울였다. 그렇게 체력을 기른 덕분에 비용이 많이 드는 환경문제에 제대로 대처해 불운을 최소화할 수 있었다.

인생이 길다지만 대운 같은 큰 기회는 여러 번 찾아오지 않는다. 눈앞에 기회가 다가왔을 때 어떻게든 붙잡겠다는 생각으로 돌진해야 한다. 그렇게 행운을 최대화해야 다음에 또 다른 행운이 찾아오기 때문이다.

패배에 굴하지 말고
압도적으로 승리하라

나는 지는 걸 유난히 싫어하지만 남보다 훨씬 많은 실패를 겪었다. 그래도 가까스로 여기까지 도달할 수 있었던 것은 몇 번을 져도 치명적인 '대패'는 없었던 데다 이길 때는 '대승'을 거두었기 때문이다.

예를 들어 우리 회사가 지금까지 개발하고 전개한 업종은 주력 사업인 돈키호테를 비롯해 100가지쯤 될 것이다. 그중 지금까지 살아남은 업종은 매수한 것까지 포함해 15가지 정도다. 단순히 숫자만 보면 사업 승률이 높지는 않다. 그래도 PPIH는 34년 연속으로 매출과 이익 증가를 기록하며 눈이 휘둥그레질 만한 성장 노선을 지켜왔다. 오로지 대승을 최우선으로 삼은 덕분이다.

야구나 축구 등 스포츠에서는 정해진 시간 내에 우리 팀이 상대 팀보다 점수를 1점이라도 더 따면 이긴다. 1점 차 승리든 5점 차, 10점 차 승리든 전부 같은 1승이다. 시즌이 끝날 때까지 승리를 쌓다 보면 총 득실점과 관계없이 순위가 정해진다. 점수를 얼마나 땄느냐보다 승점이 더 중요한 것이다.

그러나 인생이나 사업은 그렇지 않다. 스포츠처럼 시즌으로 구분되지 않고 몇십 년이 하나로 쭉 이어지기 때문에 승점이 아니라 득점과 실점의 차이로 승리가 정해진다. 다시 말해 인생과 사업은 총 득실점을 다투는 끝없는 게임이다. 따라서 몇 번 졌느냐에 신경 쓸 필요가 전혀 없다. 작은 실패(실점)를 연발하더라도 단 한 번 대승(큰 득점)을 거두면 최종적으로 이길 수 있다. 압도적인 대승만 있으면 이전의 실점이 전부 없어지는 것이다.

돈키호테나 해외 버전인 '돈돈돈키DON DON DONKI'도 극소수의 성공 사례, 극단적으로 말해 0.1% 확률로 이루어진 예외적 대성공 사례다. 그런데 그 둘이 지금 우리 회사의 기둥이 되어 국내외 사업을 떠받치고 있다. 여러 번 작게 실패하더라도 한 번만 크게 성공하면 되는 것이다.

그러나 실제로 크게 성공하는 것을 지향하기는 쉽지 않다. 사람은 패배에 민감하고 승리에는 생각 외로 둔감하기 때문이다. 행동 경제학에서 말하는 '손실 회피 편향' 탓이다. 손실 회피 편향이란 '이득과 손실 중 손실을 더 중대하다고 느껴서 손실을 회피하려는 경향'을 말한다.

만약 장사에서 50만 엔(약 463만 원)을 손해 보았다고 하

자. 사람은 실패에 민감하므로 의기소침해지거나 분통을 터뜨리거나 필사적으로 손실을 만회하려 할 것이다. 그러나 100만 엔을 벌 수 있었는데 50만 엔밖에 벌지 못했을 때는 어떨까? 이럴 때 '50만 엔 손해 봤다'라고 안타까워하는 사람은 별로 없을 것이다. 대부분 '50만 엔이라도 벌었으니 좋게 생각하자'라며 지나친다.

절대 이렇게 생각하면 안 된다. 모처럼 기회가 왔는데 '적당히' 해서 '배를 70% 채웠다' 또는 '80%나 채웠다'라고 만족하면 결국 운이 나빠진다. 얻을 수 있었던 성과를 완벽히 거둬들이지 못했다며 분통을 터뜨릴 줄 아는 사람이 진짜 승부사로서 행운을 얻는다. 100만 엔을 벌 기회가 생겼을 때 만족하지 않고 '지금 내게 100만 엔 이상을 벌 수 있는 운이 들어왔으니 200만 엔, 300만 엔도 벌 수 있을지 모른다. 그럼 더 큰 승리를 거머쥐자'라고 생각하는 사람, 다시 말해 승리에 민감하고 욕심을 부리는 사람이 인생과 사업에서 큰 성공을 거둔다.

반면 눈앞에 굴러들어 온 기회(행운)를 거머쥐려 하지 않는 사람은 더 나쁘다. 기회에 재빨리 대응하지 못하는 사람은 위기에 적절하게 대응하지 못하는 사람보다 더 나쁜 운을 불러들일 것이다.

기다리며
역전의 기회를 노려라

지금까지 행운을 활용하는 방법을 설명했다. 그런데 '아무래도 불운한 시기가 온 듯하다'라고 판단된다면 어떻게 대처해야 할까? 나는 겨울잠을 자려고 동굴에 틀어박히는 곰처럼 조용히 웅크린 채 불운이 지나가기를 기다린다. 이 긴급 회피책을 '오소리 전법'이라 부르는데, 특히 개별 운에 대해서는 이 오소리 전법을 지키고자 했다.

앞서 말했듯 운 흐름이 좋을 때는 최대한의 에너지와 속도를 끌어내 승부에 적극적으로 임해야 한다. 반대로 운이 좋지 않을 때나 어느 쪽인지 모를 때는 잠자코 기다리며 아무것도 하지 않고 수비에만 전념하는 게 좋다. 이런 식으로 상황을 읽고 활동을 달리한 것이 내 인생과 사업을 성공으로 이끈 최대 비결이다.

'불운 속 발버둥'은 절대 금물이다. 주민 반대 운동이 일어났을 때도 내가 사내·외에 강경한 태도를 유지한 탓에 불씨가 다른 지역까지 튀어 피해가 컸다. 운이 나쁠 때는 무슨 짓을 해도 십중팔구 헛수고로 끝난다. 나아가 더 나쁜 일을 불러들이는 불운의 악순환이 시작된다. 게다가 불운을 이겨내려고 힘을 짜내다 보면 다음에 모처럼 행운이 찾아왔을 때 힘을 쓰지 못할 수 있다. 그러는 사이 생각보다 일찍 다른 불운이 찾아와 대처하느라 진땀을 뺄지도 모른다.

행운의 최대화로 성과를 충분히 비축했다면 동굴에 계속 틀어박혀 있어도 식량이 떨어지지 않으니 굳이 위험한 사냥에 나설 필요가 없다. 물론 동굴에 칩거한다고 해서 '기다리면 어떻게든 되겠지'라며 느긋하게 지내서는 안 된다. 꾸벅꾸벅 졸아서도 안 된다. 신경을 곤두세우고 굴 밖에서 일어나는 일을 조용히 관찰하며 뇌에 쥐가 날 정도로 골똘히 생각해야 한다. 봄이 돌아오면 어떻게 행동할지 이것저것 머릿속으로 시뮬레이션하면서 역전할 기회를 호시탐탐 노리는 것이다.

내 대뇌피질은 동굴 속에서 가장 활성화된다. 이렇게 뇌를 최대한 가동하면 다음에 찾아올 행운을 감지하는 안테나도 예민해져 운이 바뀌는 시점(호기)을 절대 놓치지 않는다. 그러다 어느 순간 '흐름이 왔다'라고 느껴질 때 곧바로 공격으로 전환하면 된다. 경험상 이렇게 동굴에서 탈출한 직후에는 거의 연전연승을 거둔다. 동굴에서 낙관적인 상황에서부터 비관적인 상황까지 온갖 상황을 생각하며 작전과 전략을 짜고 또 짰기 때문이다. 덕분에 상황 변화에 신속히 대응할 수 있어서 실패할 일이 없다.

이렇게 행운과 불운의 선순환을 반복하다 보면 인생에서든 사업에서든 머잖아 압도적인 대승을 거둘 것이다.

냉정하고 침착하게
전체를 조망하라

오소리 전법만큼 중요한 것이 '대국관大局觀'이다. 승부나 투자의 세계에는 '대국관이 있어야 일류다'라든가 '대국을 볼 줄 알아야 행운을 잡는다'라는 말이 있다. 여기서 말하는 대국관이란 '눈앞에서 일어나는 일에 끼어들지 않고 상황과 판의 흐름을 주의 깊게 관찰하는 능력'이다.

그러면 오소리 전법과 대국관의 차이점은 무엇일까? 오소리 전법은 개인과 개인이 속한 조직에 대한 사건을 대상으로 하며, 대국관은 개인이나 민간 기업의 힘으로는 어쩔 수 없는 사회·경제적 변동 등을 대상으로 한다는 것이다.

사회와 경제가 격동할 때야말로 대국관이 필요하다. 즉 선불리 움직이기보다 냉정하고 침착하게 정세를 관찰하고 분석해야 한다. 그러면 행운이나 승리가 저절로 굴러들어 올 수도 있다. 축구에서 상대가 자책골을 넣듯이 말이다.

돈키호테는 1호점을 개업한 이래 1991년의 일본 거품경제 붕괴, 2000년의 IT 거품 붕괴, 2008년의 리먼 브러더스 사태로 벌어진 세계 금융 위기 등 세 번의 거품 붕괴를 경험했다. 이처럼 경제의 격동과 부침에 흔들리면서도 지금까지 매출과 이익 증가를 유지하며 성장 노선을 벗어나지 않았던 것도 대국관 덕분이다.

나는 일본의 거품경제 시절에도 재테크나 땅 투기 같은 '공격'에 전혀 가담하지 않았다. 돈키호테 초창기에는 주위에 부동산 거래로 큰돈을 버는 사람이 무척 많았다. 하룻밤에 몇억 엔을 벌었다는 사람도 흔했다. 그러나 나는 상품 하나 팔아 50엔(약 571원), 100엔(약 925원)씩 벌었으니 그 사람들과의 격차가 어마어마했다. 그래서 부동산 거래 유혹에 몇 번 흔들렸지만 '지금 손대면 반드시 망한다'라는 직감이 있었다. 젊을 때 마작으로 키운 승부의 감이 경보를 울린 것이다.

아니나 다를까, 거품이 터졌지만 우리 회사는 전혀 타격을 받지 않았다. 의외의 재물 운도 찾아왔다. 거품이 붕괴된 후

입지 좋은 땅과 매장이 매물로 나와 저렴하게 사게 된 것이다. 동시에 기업 인수 합병에도 적극 나설 수 있었다. 인재도 마찬가지여서, 거품이 붕괴된 후에는 이전에 데려올 수 없었던 우수한 인재를 대규모로 채용할 수 있었다. 이 모든 것이 지금의 PPIH를 만든 원동력이 되었다. 요컨대 승자와 패자를 가르는 요인으로 오소리 전법만큼 중요한 것이 대국관이다.

경영자라면
때로는 과감하게 포기하라

'포기는 천 냥'이라는 말이 있다. 원래는 투자 격언인데 불리한 국면에서 손해를 만회하려고 발버둥 치면 오히려 치명적 중상을 입기 쉬우므로 과감히 철수하는 것이 낫다는 뜻이다.

예를 들어 한 투자자가 갖고 있는 주식의 가격이 하락했다고 하자. 인간은 손실을 본능적으로 꺼리는 경향(손실 회피 편향)이 있으므로 하락이 이어져도 계속 보유하면서 매입 가격이 회복되기를 기다리려 한다. 이것을 '주식을 염장鹽藏한다'라고 표현한다. 그러나 그렇게 염장한 주식의 가격이 단기간에 회복되는 일은 거의 없다. 그러는 사이에 다른 성장주가 눈에 띄어도 자금이 염장 주식에 묶여 있는 탓에 기회를 눈앞에서 놓치기도 한다. 이것이 초보 투자자의 전형적인 행동 패턴이다.

그럼 주식 투자로 돈을 벌려면, 적어도 잃지 않으려면 어떻게 해야 할까? 일정 수준 이상 손해가 나면 매도한다는 규칙을 미리 정하고 그 규칙을 예외 없이 실행하면 된다. 영어로는 이때의 손해를 '스톱 로스stop loss', 이 규칙을 '로스 컷 룰loss cut rule'이라고 한다. 그렇게 과감히 손절매해서 얻은 자금을 다른 유망 주식에 투자하는 것이 낫다. 새로 산 주식이 오르면 '포기는 천 냥'이라는 말을 실감할 것이다. 손절매야말로 주식 고수와 초보를 나누는 최고의 기술이다.

당연히 사업도 똑같다. 그래서 우리 회사는 2006년부터 도쿄 도내에서 운영했던 새로운 형태의 편의점 '정열 공간情熱空間'의 점포 5개를 모두 2008년에 철수했다. 다른 편의점과 차별화하기 위해 음식의 손맛을 중시한 매장 내 조리 식품으로 인기를 끌었으나 비용이 맞지 않았고 상품의 통일감을 갖추는 데 실패해 끝까지 가지 못했다. 편의점에 잘 맞는 데다 경제적이고 합리적인 '센트럴 키친central kitchen' 방식을 당하지 못한 것이다.

지금은 관광 성지로 전 세계에 알려진
'메가 돈키호테' 시부야 본점.

 다른 경영자라면 이를 만회하려고 여러 대책을 궁리할지도 모른다. 그러나 당시 우리 회사에서는 전통 있는 종합 슈퍼마켓 '나가사키야長崎屋'를 인수하는 대형 프로젝트를 진행 중이어서, 이전과 다른 대형 매장 운영과 신선 식품 판매에 대한 노하우를 얻을 참이었다. 그렇게 과감히 정열 공간을 손절매하고 나가사키야를 인수했다.
 새로운 업태에 자금과 인재를 투입한 것은 큰 행운을 불러왔다. 나가사키야를 인수하면서 이전 우리 회사의 약점이었던 식품 부문, 특히 신선 식품의 노하우를 보강했기에 2008년 6월, 나중에 돈키호테를 이을 주력 업태 '메가MEGA 돈키호테' 1호점을 개장할 수 있었던 것이다. 이곳은 구 나가사키야 요쓰카이도四街道점의 업태를 '돈키호테식 종합 초저가 할인점'으로 바꾸어 재개장한 점포로, 이후 나가사키야 리뉴얼의 본보기가 되었다.

성공이 아닌
실패 시나리오를 그려라

의욕적이고 도전적으로 사는 사람일수록 당연히 인생에서 도전 횟수가 많아질 것이다. 그에 비례해 실패하는 일도 늘어나겠지만 그건 별 문제가 안 된다. 진짜 문제는 실패에 어떻게 대처하느냐다.

철수하는 시점을 판단하려면 '어느 수준을 실패로 보느냐'를 미리 정해두어야 한다. 즉 '얼마 이상 적자가 나면 이 사업에서 철수하겠다', '여기까지 해도 성과가 나지 않으면 그만두겠다'라는 손절매 규칙을 확실히 정해야 한다. 머릿속에 이 규칙만 똑바로 서 있으면 실패를 두려워할 이유가 전혀 없다. 주눅들 것 없이 다음 도전을 시작하면 된다. "성공 시나리오를 써놓는 것이 중요하다"라고 말하는 사람이 많지만, 성공은 어디까지나 결과에 불과하므로 미리 시나리오를 쓸 필요는 없다. 오히려 포기의 기준이 되는 '실패 시나리오'를 미리 써두는 것이야말로 성공 비결이다.

지금까지 말한 손절매나 실패 시나리오를 작성해 포기 기준을 정하는 것은 '재도전'을 지향하는 활동이다. 새로운 업태를 10가지, 아니 100가지쯤 개발해도 그중 한두 가지만 성공하면 적중률이 높은 편이라 할 수 있다. 그보다 적절한 판단과 포기로 큰 부상을 피하는 것이 더 중요하다. 조기 철수를 단행해야 그다음에 또 도전할 수 있다. 우리 회사도 과거에 그렇게 개발했다가 철수한 사례가 수없이 많다. 이런 도전을 반복해야 운을 끌어당기고 성공의 꽃을 크게 피울 수 있다. 포기에는 천 냥의 가치가 있지만 재도전에는 그 10배인 만 냥의 가치가 있기 때문이다.

나 같은 창업 경영자는 전문 등산가처럼 사업에 목숨을 건다. 특히 어려운 사업에 도전하는 것은 험준한 겨울 산에 오르는 일과 비슷하다. 실제로 열 번을 올라도 그중 한두 번만 정상에 도달하면 성공적이라고 할 만큼 겨울 등반은 위험하다. 겨울 산 등반에는 정상을 눈앞에 두고 되돌아가는 '용감한 철수'가 필요할 때가 많다. 그런 판단력이 없는 등산가는 조만간 조난의 위험에 처할 것이다. 조난되어 죽으면 당연히 다시 도전할 수도 없다.

전문가가 위험한 눈보라가 한창이라고 경고했는데도 산에 오르는 것은 자살 행위다. 날씨가 좋지 않을 때는 베이스캠프나 텐트에서 잠자코 버티며 기다리는 인내력이 필요하다. 이런 '겨울잠'이 안 되는 사람이 너무 많다.

비즈니스계에서는 '그릿grit'이라는 말이 널리 알려져 있다. 보통 '해내는 힘'으로 번역되는데 근성과 비슷한 뜻이다. 근성은 케케묵은 느낌인 데다 정신론 같은 인상이 짙어서 요즘에는 느낌 좋은 영어를 쓰는 모양이다. 그런데 '그릿=근성'을 잘못 활용하면 아주 불행한 결과를 초래한다.

착실한 데다 재주와 능력도 갖추었지만 왠지 사업에 자꾸 실패하는 사람들이 있다. 내가 보기에 그들은 대국관이 없고 손절매를 잘 못한다. 그런데도 언제나 '그릿 노선'에 도전하느라 위험을 알리는 미묘한 변화를 알아채지 못한다. 너무 노력한 나머지 자기 무덤을 파는 일에까지 목숨을 거는 것이다. 젊은 창업자들에게서도 이런 경향이 엿보인다. 이들은 착실히 노력해 성과를 낸 경험이 있다 보니 겨울잠을 거부한다. 착실한 사람일수록 착실하게 잘못을 저지른다.

근성을 들먹이다 보니 제2차 세계대전에서 일본군이 크게 패배한 역사가 떠오른다. 당시 거의 모든 전황이 열세였는데도 일본군 엘리트들은 현실을 외면하고 '귀축미영鬼畜米英◆', '일억총옥쇄一億總玉碎●' 등 어리석은 구호 아래 집단 자살 같은 전쟁을 밀어붙여 국가의 운을 현저히 쇠퇴시켰다.

거센 눈보라가 몰아칠 때 설치는 건 그저 발버둥일 뿐이다. 열세에 몰렸을 때는 상황과 동향을 겸허하고도 객관적으로 관찰하며 괴롭더라도 불리한 진실을 인정해야 한다. 이럴 때 참고 견디는 능력이야말로 진짜 근성이다.

- ◆ 악귀, 짐승 같은 미국과 영국. —옮긴이
- ● 일본 인구 1억 명이 국가를 위해 아름답게 희생한다는 뜻. —옮긴이

● 2장 포인트 ●

✔ 개인에게 주어진 운의 총량은 비슷하다. 사용법에 따라 인생의 결과가 크게 달라질 뿐이다.

✔ 운이 좋을 때는 온 힘을 다해 행운을 최대화하라.

✔ 반대로 운이 나쁠 때는 끝까지 견디며 철저히 수비하라.

✔ 과감하게 손절매해야 재도전할 수 있다.

3장

운의 3대 조건: 공격, 도전, 낙관주의

당연한 말이지만 하늘은 가만히 있는 사람에게 행운을 내려주지 않는다. 스스로 과감하게 도전하는 자에게만 '대운'을 안겨준다. 그러므로 실패나 부상을 걱정해 도전을 피하면 영원히 성공할 수 없다.

흔들림 없이 돌진할 것

사실 나는 운을 추구하는 태도와 합리성을 추구하는 태도가 일맥상통한다고 생각한다. 운과 합리성은 얼핏 정반대되는 개념 같지만 나에게는 밀접하고 떼려야 뗄 수 없는 개념이다.

    사업을 예로 들면 나는 그때그때 가장 합리적이고 승률 높은 일에 도전해왔다. 여기서 말하는 '승률 높은 일'이란 타율과 타점의 곱이 최대치가 되는 일을 뜻한다. 즉 '승률=타율과 타점의 교차 비율'이다. 낯선 유통 용어가 등장했으니 간단히 설명하겠다. '교차 비율'은 재고 상품이 이익을 얼마나 내는지 확인하는 계산식으로 '재고 회전율×매출 이익률'로 산출한다.

이 비율이 높을수록 돈을 효율적으로 버는 상품이므로 사업을 성공시키려면 교차 비율이 높은 상품에 주력해야 한다.

나는 이 계산식을 야구에 빗대, 인생에서나 사업에서나 '타율과 타점의 교차 비율'이 최대치가 되도록 행동해야 한다고 말한다. 당연하고 합리적인 행동을 흔들림 없이 계속하는 것이야말로 행운을 부르는 정공법이기 때문이다. 특히 조직이 커지면 개인의 운이 집단화되어 모두가 하나의 목표를 향해 열정적으로 돌진하게 된다. 이렇게 운이 강할 때 승률 높은 일에 도전하면 연전연승을 거머쥐어 무적의 기업이 될 수 있다.

다만 이런 행운을 부르는 합리성에는 전제 조건이 있다. 이번 장 제목이기도 한 '공격'과 '도전', '낙관주의'다. 나는 이것을 '운의 3대 조건'으로 부른다. 그러면 지금부터 3대 조건을 차례차례 설명하겠다.

리스크 회피가
최대의 리스크

어떤 시대를 살든 리스크를 회피하기만 한다면 큰 보상을 얻을 수 없다. 누구나 이 점은 인정할 것이다. 안전지대에 머무르며 큰 성공을 거두는 사람은 없다. 그러면 반대로 큰 보상을 기대하지 않고 리스크를 회피하면 계속 안전하고 평온한 삶을 누릴 수 있을까? 답은 '아니요'다. 옛날에는 그럴 수 있었겠지만 지금은 불가능하다.

불확실성이 커진 현대에는 리스크를 감수하든 회피하든 상관없이 누구나 뜻밖의 행운과 불운을 겪게 되어 있다. 예를 들어 옛날에 일본에서 건실한 직장으로 인기를 끌었던 은행도 거품경제 붕괴 후 줄줄이 경영 위기에 몰려 대규모 재편을 계획하고 있다. 물론 은행뿐만 아니라 일본을 대표하는 대기업에서도 그런 일이 수없이 일어난다.

고지식하고 보수적인 대기업에 취직해 소시민적인 생활을 유지하기 위해 아무리 애쓴다고 할지라도, 이 불확실한 세상에서는 뜻밖의 일을 당할 수밖에 없는 것이다. 그러니 좋아하지도 않는 회사에 들어가 적성에 맞지 않는 일을 억지로 하는 것보다 처음부터 자신이 하고 싶은 일을 할 수 있는 세상으로 뛰어드는 게 낫지 않을까? 그게 훨씬 충실하고 즐거운 삶일 것이다.

자유롭고 쾌활하며 실력을 우선하는 기업을 골라 지원해

도 좋고, 충분히 알아보고 준비해 과감하게 창업해도 좋다. 스스로 선택한 길에서 리스크를 감수하며 자신을 갈고닦자. 행운의 여신은 그런 사람에게 미소 짓는 법이다.

한편 리스크를 두려워해 수비로 일관하는 사람에게는 행운이 따르지 않는다. 특히 지금 같은 시대에는 '리스크를 피하는 것이 최대의 리스크'다. 나는 이 말을 좌우명으로 삼고 젊을 때부터 리스크를 감수해왔다. 중요한 결정을 내릴 때마다 리스크를 피하고 그럴싸한 곳에 안이하게 머물려 하는 마음만이라도 의식적으로 배제하려고 노력해왔다. 다시 말해 어느 때든 가장 큰 결실을 수확하는 쪽을 선택한 것이다.

리스크 감수의 상징적인 예로, 앞 장에서도 잠깐 언급한 나가사키야 인수를 들 수 있다. 2007년 10월에 나가사키야를 인수할 때 돈키호테 내에서도 반대하는 사람이 많았다. 나가사키야는 2000년 회사 갱생법에 따라 새로운 후원자를 받아들이고 재건을 목표로 했으나 종합 슈퍼마켓이 쇠퇴하고 있어서인지 경영 부진이 전혀 개선되지 않았고 누적 손실이 100억 엔을 초과했다. 참고로 2007년 당시 돈키호테의 영업이익은 약 135억 엔(약 1,249억 원)이었다. 그런 거액의 손실을 끌어안고 인수하겠다고 하니 은행과 증권 분석가는 말할 것도 없고 우리 회사 임원과 간부도 대부분 반대하고 나섰다. 지나친 리스크를 감수할 필요가 없다는 것이다.

하지만 나는 반대를 무릅쓰고 인수를 진행했다. 입지 좋은 점포 부지를 50군데 이상 확보할 수 있는 데다 인수 후 이익은 누적 손실분을 초과하기 전까지 비과세였으므로 나가사키야가 오히려 우리에게 큰 경영 자원이 될 거라고 확신한 것이다. 실제로 우리는 인수한 나가사키야를 '메가 돈키호테'라는 새로운 형태로 탈바꿈시켜 선보였다. 현재 메가 돈키호테는 돈키호테와 나란히 우리 회사의 주력 사업으로 활약하고 있다. 리스크를 감수한 결과 최대의 결실을 얻은 것이다.

나가사키야는 하나의 사례에 불과하다. 이 외에도 인수 합병을 진행하면서 다양한 경험과 노하우를 쌓은 사례가 많다. 이런 과감한 인수 합병 덕분에 예상외의 사태가 발생해도 차분하게 대처할 수 있는 여유가 생겼다.

리스크를 회피하느라 행운을 놓치고 나서 '놓친 고기일수록 커 보인다'라며 후회하는 사람이 많다. 그러므로 얼핏 보기에 그럴싸한, 안이하고 진부한 수법에 안주하려는 마음을 경계해야 한다. 그런데 머리 좋고 유능한 사람일수록 리스크를 회피하려는 경향이 강하다.

여담이지만 어떤 엘리트 관료와 술자리를 함께한 적이 있었다. 대화 중 내가 문득 이렇게 말했다.

"이만큼 지성과 능력을 갖추셨으니 리스크를 감수하고 (관청이 아닌) 다른 데서 승부를 걸었어도 큰 성공을 거두셨을 거예요."
"왜 제가 그런 리스크를 감수해야 하죠?"

상대는 의아한 표정으로 물었다. 그의 얼굴에는 이렇게 쓰여 있었다. '나는 되도록 안전한 삶을 살기 위해 학생 때부터 열심히 노력해서 만족스러운 학력을 갖추어 공무원이 되었어. 그런데 왜?'
나는 살짝 당황했지만 다시 다그치듯 말했다.

"리스크를 감수한다고 죽는 것도 아닌데 실력이 있다면 창업이라도 하는 것이 재미있지 않을까요? 지금의 인생에 정말로 만족하세요?"

그러자 상대가 매우 불쾌한 표정을 지었다. 쓸데없는 간섭이었나 보다.

수비보다 공격,
필살의 펀치를 날려라

위험을 감수하려면 공격적인 자세를 유지하는 것이 중요하다. 그런데 사업에서 항상 공격형 경영자로 보이는 나 역시 뜯어보면 공격보다 수비의 비율이 높다. 그때 당시의 운이나 시장 상황, 경제 환경에 따라 조금씩 달라지지만 '수비 70%, 공격 30%'가 내 기본적인 황금 비율이다. 다만 수비가 70%로 큰 비율을 차지하는데도 무게중심은 공격에 둔다. 공격에는 많은 에너지와 한곳을 지향하는 집중력이 반드시 필요하다. '수비 70%'도 에너지와 집중력을 확보하기 위한 비율이다.

일단 공격의 자세를 중시하지 않으면 결코 좋은 운이 오지 않는다. 방어와 동시에 공격을 시작한다는 '견수속공堅守速攻'이라는 말이 있지만 나는 그 순서를 바꾼 '속공견수速攻堅守'를 지향한다. 속공을 최우선으로 하면서도 그때그때 공격보다 수비에 좀 더 집중하겠다는 뜻이다.

어떤 격투기 챔피언에게 이런 이야기를 들은 적이 있다. "카운터펀치란 '수비에 중점을 두면서 상대의 펀치를 유도하고, 그 펀치를 피하면서 내 펀치를 꽂는 기술'이라고 말하지만 실제로는 그렇지 않다"라는 것이다. 오히려 "내가 먼저 공격해 상대를 몰아붙여 상대가 괴로움을 참지 못하고 펀치를 날릴 때 필살의 카운터펀치를 날리면 된다"라고 한다.

위험을 두려워해 수비 일색으로 나가면 게임에서 절대 이길 수 없다. 공격을 전제하지 않으면 수비도 살아나지 않는다는 것이 원래 내 지론이었는데, 챔피언이 똑같은 이야기를 하니 내 지론이 증명된 것 같아서 뿌듯했다.

과감하게 도전하고
신속하게 철수하라

당연한 말이지만 하늘은 가만히 있는 사람에게 행운을 내려주지 않는다. 스스로 과감하게 도전하는 자에게만 '대운'을 안겨준다. 그러므로 실패나 부상을 걱정해 도전을 피하면 영원히 성공할 수 없다.

내가 직접 만든 절대적 기업 이념집인 『원류源流』에 다음과 같은 구절이 나온다.

"우리가 전사이기를 포기하고 도전을 중단한다면 우리 회사는 존재할 이유도 가치도 없다."

항상 도전자의 자세를 유지하는 것이 우리 회사의 DNA이자 정체성이다. 2장에서 살펴보았듯 2000년 이후 돈키호테는 다양한 업태에 도전해왔다. 정열 공간을 개업하고 나가사키야를 인수하면서 시행착오도 많이 겪었다.

나가사키야를 성공적으로 인수한 후에도 도전은 계속되었다. 2006년에 해외 진출을 시작했고 2017년에는 아시아 점포 론칭을 본격화해 싱가포르에 '돈돈돈키' 1호점을 열었다. 돈돈돈키는 '일본 브랜드 특화 매장'으로 일본의 돈키호테와는 달리 일본 제품 및 일본 기획 상품만 취급한다. 특히 일본산 채소와 과일, 다코야키 등 부식이 즐비한 싱가포르 점포에서는 식품 매출액이 전체 매출의 90%를 차지한다. 이러한 '돈키 DONKI' 업태 역시 시행착오 끝에 탄생한 성공 사례로 현재 아시아 6개국에서 총 45개 점포(2024년 4월 말 기준)를 운영하며 우리 회사의 주력 사업으로 활약하고 있다.

다만 주의할 점이 있다. 무턱대고 도전만 하면 운이 좋아지지 않는다는 것이다. 앞서 말한 『원류』의 경영 이념 제5조에

싱가포르의 돈돈돈키 매장, '일본'을 콘셉트로 꾸며놨다.

도 이렇게 쓰여 있다.

"과감한 도전의 기세를 유지하면서도 현실을 직시한 신속한 철수를 두려워하지 말 것."

이 문장이 시사하듯 '과감한 도전'과 '신속한 철수'는 언제나 한 쌍처럼 동행해야 한다. 앞서 '포기는 천 냥'이라고 말했듯, 우리 회사는 주식시장에 진입하기 위해 2006년에 새로운 형태의 편의점 '정열 공간'을 개업했다가 사업이 좀처럼 안정되지 않자 이듬해에 깨끗이 철수하기로 결정했다. 그 신속한 결정이 나가사키야의 성공적인 인수로 이어졌다. 철수와 도전을 반복한 덕분에 행운이 찾아온 것이다.

여러 번 강조하지만 실패를 두려워해 아무 도전도 하지 않는 사람이 제일 나쁘다. '숙려단행熟慮斷行'이라는 말을 아는가? 충분히 생각한 후에 결심하고 실행하라는 뜻인데, 숙려만 하고 단행하지 않는 경우도 종종 있으니 주의해야 한다. 돌다리를 두드리기만 하고 건너지 않는 것이다. 그래서 나는 '단행숙려'를 지향한다. 우선 결심하고 실행한 다음에 곰곰이 생각하자는 의미다. 단행은 '도전'으로 바꿔 말할 수도 있다. 도전하지 않으면 아무 일도 벌어지지 않으므로 무언가 직접 배워 자기 것으로 만들 수도 없다.

예를 들어 등산가가 오르기 어려운 산에 도전하려면 등산하기 전에 최악의 사태를 예상하고 결과를 예측하기 마련이다. 하지만 그러고 나서 공포에 질려 등반을 포기한다면 계획은 탁상공론으로 끝날 것이고 등반도 시작되지 않는다. 그러니 일단 산에 직접 올라 걸으며 계획을 검증하고, 시행착오를 거치며 최악의 사태를 피할 대책을 찾아야 한다. 길을 개척하는 방법은 이것뿐이다.

설사 도전에 실패해도 그 과정에서 배운 교훈은 결코 헛되지 않을 것이다. 도전의 보람과 실패의 후회를 느끼며 새로운 방향과 방법을 모색한다면 그것으로 충분하다. 그래서 '재도전은 만 냥'이라고 한 것이다. 이때 얻은 교훈을 양식으로 삼으면 다음번 도전 또는 숙려의 수준이 현저히 높아질 것이고 결국 '운의 선순환'이 일어나 대운을 앞당길 것이다.

모험을 즐기는 사람은
반드시 성장한다

내 바탕은 경영자보다 창업가에 가깝다. 한술 더 떠 나이를 아무리 먹어도 창업을 그만두지 못할 '평생 창업가'다. 인생에든 사업에든 도전하는 삶이 도전하지 않는 삶보다 훨씬 재미있고 즐겁다. 평생 창업가인 내가 자신 있게 보장한다. 반대로 도전하지 않고 '이만하면 됐어'라며 회피하면 얼핏 보기에는 편할 것 같지만 실제로는 인생이 상당히 지루하고 괴로워진다.

사람은 무엇보다 도전으로 성장한다. 도전을 반복하는 사람과 그렇지 않은 사람의 실력은 몇 년 후 눈에 띄게 벌어지기 마련이다. 나는 지금까지 경영자로 살면서 그런 사례를 수없이 많이 보았다. 그래서 도전을 그만둘 수 없다. 이렇게 끝없이 도전하는 자세야말로 평생 창업가인 나에게는 최고의 자질이자 자랑스러운 재산이다.

나는 도전을 진심으로 좋아한다. 도전하고 싸우면서 내가 세운 가설을 검증하는 것이 맛있는 음식을 먹는 것보다 즐겁다. 그래서 나는 이렇게 즐거운 일을 '벤처venture 경영'이 아닌 '어드벤처adventure 경영'이라고 부른다. 벤처와 어드벤처는 둘 다 '모험'을 뜻하지만 전자는 주로 비즈니스에 쓰이는 용어이고 후자는 순수한 모험을 가리키는 말이다.

나는 어릴 때부터 모험이나 탐험을 그린 문학작품을 좋아했다. 프랑스 소설가 쥘 베른Jules Verne의 『80일간의 세계 일주』 『15소년 표류기』 『해저 2만 리』 『달나라 여행』, 유럽 최초로 아프리카 대륙을 횡단한 데이비드 리빙스턴David Livingstone의 전기 등을 닥치는 대로 읽고 세계지도를 들여다보면서 피 끓는 모험을 꿈꾸었다. 그래서 당시 장래 희망은 세계를 돌아다니는 탐험 대장이었다.

팔라우 해저에서의 낚시.
무엇이든 즐기고자 하는 사고방식은 도전 정신을 북돋운다.

　내게 경영은 모험이나 탐험과 같다. 그래서 늘 에베레스트 산이나 마터호른Matterhorn 정복을 노리는 등산가 같은 마음으로 경영에 임한다. 새로운 업태를 개발하는 일은 아무도 모르는 오지에 가서 지도를 직접 그리는 것과 같다. 그래서 혹독한 환경, 악천후, 사고까지 게임처럼 즐길 수 있는 것이다. 이렇게 생각해야 경영이 재미있어진다.

　일할 때뿐 아니라 놀 때도 철저히 어드벤처를 즐긴다. 내 유일한 취미는 남쪽 섬의 바다에서 잠수하며 열대어를 잡는 것이다. 노파심에서 말하자면 당연히 당국에서 정식으로 허가받은 합법적 행위다. 이런 취미를 즐기는 사람은 없을 것이다. 다이빙을 즐기는 사람은 많지만 다이빙해서 열대어를 잡는 사람은 나뿐일 듯하다.

참고로 '돈키호테 매장 앞 수조 속 열대어는 돈키호테 회장이 직접 잡은 것'이라는 이야기가 SNS 등에서 도시 전설처럼 떠돌아다니는데, 그것은 전설이 아니라 엄연한 사실이다. 지금도 바다에 들어가 열대어를 잡는 게 평생 취미다.

어쨌든 이 '두근두근 설레는 어드벤처 경영'은 내 신조이자 앞서 말한 『원류』의 정신이기도 하다.

낙관론자가 성공한다는 증거

운의 3대 조건으로 다시 돌아가보자. 1장에서 말했듯 운의 여신은 낙관론자에게 미소 짓는다. 그리고 운의 3대 조건은 공격과 도전, 그리고 낙관주의다.

이쯤 되면 독자들이 이런 의문을 제기할 것 같다. "공격하고 도전하는 것이 행운의 조건이라는 말은 감각적으로나 머리로 이해할 수 있는데 낙관주의는 이해가 잘 안 돼요. 낙관론자가 실제로 큰 성공을 거두었다는 증거나 데이터가 있나요?" 내 대답은 '증거와 데이터가 너무 많아서 무엇부터 설명할지 헷갈린다'라는 것이다.

하나의 예로 주식시장을 들 수 있다. 단기 등락은 있었지만 세계 주식의 시가총액은 최근 십 몇 년간 계속 우상향하고 있다. 즉 장기적, 낙관적 투자 자세를 유지한 사람은 100% 확률로 큰 부자가 되었다는 뜻이다. 세계적 투자가 워런 버핏Warren Buffett처럼 말이다.

영국 옥스퍼드대학교 명예 연구원 매트 리들리Matt Ridley도 자신의 세계적 베스트셀러 『이성적 낙관주의자』에서 이렇게 말했다. 다음은 내가 발췌, 요약한 내용이다.

"이미 몇십 년 전부터 많은 사람이 '인구 폭발로 식량과 자원이 고갈될 것이다', '인류의 생활수준은 더 이상 높아지지 않을 것이다', '빈부격차와 빈곤 확대로 사회가 황폐해질 것이다'라는 등의 비관론을 주장했다. 그러나 현실은 어떤가? 모든 예상이 빗나가고 (지금까지 거의 아무도 주장하지 않았던) 낙관적 시나리오만이 유일한 정답이었음을 역사가 증명한다.

예를 들어 1800년 이후 세계 인구가 6배로 늘긴 했지만 평균수명은 2배 이상 늘어났고 실질소득은 9배 이상 많아졌다. 최근 반세기 동안 1인당 소득이 줄어든 나라는 6개국뿐이고 평균수명이 줄어든 나라는 3개국(러시아, 에스와티니, 짐바브웨)뿐이었다. 심지어 유아 생존율이 낮아진 나라는 하나도 없었다. 분명 늘어났을 듯한 흉악 범죄도 실제로는 세계적으로 급격히 줄어들고 있다.

물론 생활수준도 현저히 높아졌다. 적어도 세계 중진국 이상의 국가에 사는 일반 서민은 옛날 왕과 귀족, 부자의 수준을 훨씬 능가할 만큼 풍요하고 사치스러우며 편리한 생활을 누리고 있다."

어떤가? 이 책은 명쾌하고도 설득력 있는 증거와 통찰력 넘치는 논리를 구사하면서 인류의 비관적 시나리오를 하나하나 반박한 다음, 현대야말로 인류 역사상 최고의 시대라고 역설한다. 낙관론적 태도야말로 승리와 성공으로 가는 지름길인 것이다.

● 3장 포인트 ●

✔ 위험을 회피하는 것이 가장 위험하다.

✔ 빠른 공격 태세를 유지하면서 수비를 더 많이 해야 한다.

✔ 우선 과감하게 도전한 후 숙려한다. 그러면 설사 실패해도 다음에 도전할 때 그 교훈을 활용할 수 있다.

✔ 낙관론은 승리와 성공으로 가는 지름길이다.

비기 1
청년의 고독은 인생의 주춧돌이 된다

이번 장에서 내가 성공을 거둔 비결로 꼽은 '끝없는 도전 정신'은 과연 어떻게 형성되었을까? 나의 원류를 회고하며 그 뿌리를 찾아보겠다.

꽤 멋진 듯 말했지만 사실 젊은 시절에는 아무것도 이루지 못한 채 괴로움에 발버둥 치느라 정신이 없었다. 신통찮은 남자, 위로 올라가지 못하는 남자였다. 사실 떠올리고 싶지 않은 흑역사다. 하물며 책에서 털어놓기에는 상당히 껄끄러운 이야기다. 그러나 그런 경험 덕분에 지금처럼 도전 정신과 투지를 갖추게 된 것도 사실이다. 그래서 굳이 창피함을 무릅쓰고 당시 내 실상을 털어놓으려 한다.

학생운동의 시대,
혼자만의 혁명을 시작하다

1949년생인 나는 일본의 최대 인구층인 '베이비붐 세대'에 속한다. 반세기나 지난 일이라 젊은 독자들은 잘 모를 수 있는데 우리 베이비붐 세대는 '전공투◆ 세대'로 불릴 만큼 학생운동이 극렬했던 시대에 대학을 다녔다. 지금은 믿기지 않는 일이지만 당시에는 학생 대부분이 마치 무언가에 사로잡힌 듯 반체제(특히 사회주의, 공산주의) '혁명'을 외치며 이상 사회 실현을 꿈꾸었다. 많은 사람이 대규모 시위에 참여했으며 과격한 학생운동에 열중했다.

그러나 나는 학생운동에 관심이 없었다. 내가 아무리 애써도 나라는 하나도 달라지지 않을 테니 그런 '머릿속 꽃밭' 같은 혁명 사상에 동조할 이유가 없다고 생각했다. 그런 의미에서 나는 철저한 현실주의자였고 학생으로서는 드문 체제파에 속했다. 대신 나는 이렇게 결심했다.

◆ 전학공투회의(全学共闘会議)의 약자로 과거 일본의 대학생 운동권 단체 연합 조직. —옮긴이

'사회나 국가가 아니라 나만의 혁명을 일으키겠다.'

회사 경영자가 되어 내가 통제할 수 있는 영역에서 혁명을 일으키겠다는 뜻이다. '혼자만의 혁명'은 그렇게 시작되었다.

그런데 반체제 혁명을 지향하던 수많은 학생이 취직할 때가 되자 곧바로 전향했다. 당시 유행했던 장발을 싹둑 자르고 7 대 3 가르마를 타더니 흰 와이셔츠에 정장을 입고 체제파의 정수인 대기업에 취직하겠다며 면접장에 나간 것이다. 그런 동급생들의 모습을 보고 경악했다. 아니, 완전히 질려버렸다. 그 후 그들은 '맹렬 샐러리맨'으로 불리며 학생 시절 신조와 반대되는 삶이자 자신들이 가장 경멸했던 프티부르주아petit bourgeois, 즉 소시민의 삶을 향해 질주했다.

이렇게까지 손바닥 뒤집듯 사상을 완전히 바꾼 세대는 이전에도 이후에도 없지 않을까? 변화에 민첩하게 대응했다고 듣기 좋게 말할 수도 있지만, 나에게는 그것이 '지나친 가벼움', '지조 없는 개종'으로만 보였다.

어쨌든 나는 취업 활동을 경계로 오히려 반체제파 대표라도 된 듯 고독해졌다. 모두에게 따돌림을 받게 된 것이다.

세상의 풍파를
견디게 도운 힘

―――――

6년쯤 백수로 살 때도 나는 혼자만의 혁명을 꿈꾸며 고독하게 지냈다. 고독이란 말은 멋지지만 현실은 전혀 멋지지 않았다. 겉으로는 강한 척하면서도 '나는 아무것도 이루지 못하고 누구에게도 알려지지 않은 채 썩어버릴지도 모른다'라는 적막감과 고독감에 늘 괴로웠다. 앞서 떠올리고 싶지 않다고 말했던 것이 바로 이 시절이다. 평생 그렇게 괴롭고 외롭고 황폐했던 시절이 없다. 그 중독적인 적막감에 비하면 이후의 고생은 아무것도 아니었다.

그때 우연히 마주친 '전향' 동급생이 내게 이렇게 말한 적도 있다.

"넌 대체 뭘 하는 거야? 눈을 크게 뜨고 세상을 똑바로 봐야지. 이제 괜찮은 직장에 들어가서 성실하게 일하는 게 어때?"

자기 딴에는 나를 생각해서 한 말이겠지만, 얼마 전까지 목이 터져라 프롤레타리아 proletarier 혁명을 외치고 급진적 활동에 앞장섰던 녀석에게 그런 말을 들을 줄은 꿈에도 몰랐기에 한동안 벌어진 입을 다물지 못했다.

그 사건을 계기로 내 인생을 돌아보았다. 덕분에 그 후로는 고난을 마주했을 때 번민하면서도 '이까짓 것'이라며 당당해질 수 있었다. 과감한 도전을 계속할 각오와 자신감이 이때 생긴 듯하다.

어쨌든 50년 전의 나를 만난다면 부드럽게 머리를 쓰다듬고 말없이 꽉 안아주고 싶다. 그리고 "너는 정말 잘했어. 정말 잘 견뎠어"라고 말해줄 것이다. 6년간 맛본 적막과 고독감은 이후 내 인생을 지탱하는 방파제이자 근원적 활력의 바탕이 되었다.

쓸모없는 인간이기에 가능한 도전

기업 경영자로서 내 삶을 돌아보니 '용케 잘 살아남았다'라는 생각이 든다. 과감히 도전했지만 오히려 궁지에 몰리고, 정신 차려보니 아슬아슬한 지점에 와 있었던 적이 한두 번이 아니다. 그 아슬아슬한 지점에서 생각을 거듭해 궁여지책을 짜내고, 결국 처음에는 생각하지도 못했던 방식으로 위기를 극복하고는 했다. 그것은 내 식으로 표현하자면 '이쪽 줄을 타다가 저쪽 줄로 건너뛰는 듯한 곡예'였다. 그런 식으로 가까스로 지옥에 떨어지지 않고 위기를 딛고 일어섰고 오히려 위기를 기회로 바꾸는 기적 같은 경험을 반복했다. 나는 어떻게 이런 곡예를 계속할 수 있었을까?

자랑하려는 건 아니지만 나는 보통 사람이 좀처럼 생각하지 못하는 기상천외한 해답을 떠올리는 재주가 있는 듯하다. 그리고 그렇게 생각한 해답을 두려움 없이 즉시 실천하는 행동력도 있다.

하지만 그 근본적인 이유는 '내가 아무 쓸모도 없는 사람'이기 때문이다. 이것은 겸손도 자학도 아닌 진심이다. 만약 내게 이런저런 쓸모나 특기가 있어 다른 방법으로도 얼마든지 먹고살 수 있었다면, 또는 여성들에게 인기가 있었다면 그렇게까지 죽을힘을 다해 도전하지 않았을 것이다.

몇 번이나 치명적 위기를 넘기면서도 필사적으로 노력한 이유도 내가 가진 것이 아무것도 없었던 덕분이다. 그래서 항상 온 마음과 목숨을 걸고 도전할 수밖에 없었고, 젖 먹던 힘까지 짜낼 수밖에 없었다. 그래서 더 애쓰지 않아도 되는 지금까지 도전을 계속하고 있다. '혼자만의 혁명'은 앞으로도 계속 이어질 것이다.

4장

싸우지 않으면 운은 무너진다

운을 악화하는 큰 요인인 '인간관계'에 주의해야 한다. 좋은 운과 나쁜 운은 거의 '인간 대 인간' 문제로 귀결된다. 즉 다른 사람과의 관계에 따라 운이 좋아질 수도 있고 나빠질 수도 있다.

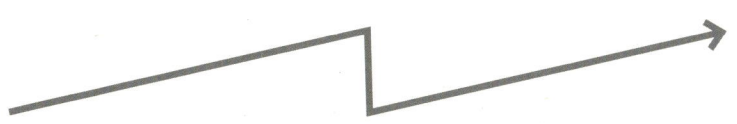

용맹한 대장이
강한 부대를 만든다

3장에서는 운을 내 편으로 만드는 3대 조건인 공격, 도전, 낙관주의에 대해 말했다. 이번 장에서는 반대로 '운을 악화하는 조건'에 대해 체험론적 관점에서 솔직하게 이야기하겠다. 그 조건은 앞 장의 결론을 역설적으로 해석해 '싸우지 않으면 운이 나빠진다'라고 말할 수 있다.

특히 우리 PPIH가 속한 유통 소매업은 그런 경향이 강하다. 현재 일본의 소비 시장이 제로섬zero-sum♦ 상황이기 때문이다. 이는 앞으로 더 심각해질 것이다. 이 와중에 제 몫을 확보하려면 전투력을 최대로 높여 투우사처럼 싸워야 한다. 머잖아 유통 소매업뿐 아니라 어떤 산업에서든 이런 자세를 강하게 요구할 것이다.

지금도 전국에 흩어진 각 점포(국내 620점포, 2024년 4월 말 기준)가 유통 전쟁이라는 무대에서 밤낮없이 백병전●을 펼치고 있다. 이것은 지역 내 고객을 다른 업체보다 한 사람이라도 더 끌어오기 위한 진검 승부다. 물론 병사들을 이끄는 대장(리더)이 용맹하지 않으면 그를 따르는 병사도 잘 싸울 수 없다. 병사들은 대장이 어떤 상태인지 금세 알아챈다. 자기 목숨이 달려 있으니 당연한 일이다. 반대로 대장이 용맹하고 과감하면 '용장 밑에 약한 병사 없다▲'라는 말처럼 맞설 자가 없는 강력한 군대(팀)가 꾸려진다.

하지만 전쟁이라는 말을 썼다고 해서 실제로 총에 맞아 죽거나 회복할 수 없는 장애를 얻는 것은 아니다. 현실에서 감당

◆ 특정 사회 혹은 시스템 전체의 이익이 일정해 한쪽이 이득을 보면 다른 한쪽은 반드시 손해를 보게 되는 상태.—옮긴이

● 예리한 칼로 싸우는 병사와 보병이 벌이는 근접 전투.

▲ 지휘하는 자가 뛰어나면 그를 따르는 자도 뛰어나다는 뜻.

해야 할 위험은 아주 가볍다. 그러므로 부지런히 실력을 갈고닦아 고객의 인기와 지지를 얻길 바란다. 이 싸움은 결과적으로 세상을 행복하게 만드는 사회 공헌 활동이다. 거듭 말했다시피 싸움을 피하는 태도가 운을 악화하는 최대의 위험 요소다.

나는 현장 사람들에게 입이 닳도록 "전략과 전술을 논하기 전에 일단 전투 모드로 바꾸어라"라고 말하면서 싸우는 자세의 중요성을 강조해왔다. 지금도 그러고 있다.

최악은 온갖 전략과 전술을 늘어놓기만 하고 실제 전투에 나서지 않는 유형이다. 나는 이런 무리가 사내에서 활개를 치는 것이 제일 두렵다. 그렇게 되면 개인의 운은 물론 6장에서 설명할 '집단 운'이 순식간에 나빠진다.

전투 모드로 바꾸지 않아서 운을 나쁘게 만든 타산지석 같은 예도 많다. 대표적인 것이 일본의 가전 회사와 반도체 회사다. 예전에는 일본의 가전제품이 저렴하고도 품질이 좋아 세계 시장을 석권했다. 1980년대 후반에는 일본의 반도체가 세계 시장 점유율 1위를 차지하기도 했다. 그러나 지금은 둘 다 예전의 영광을 잃은 지 오래다. 잘 알려져 있다시피 최근 몇십 년 사이 중국, 한국, 대만의 신흥 기업에 완전히 역전당했기 때문이다.

쇠락의 원인을 여러 가지 지적할 수 있겠지만 가장 큰 원인은 일본 기업이 세계 일류 자리에 안주해 '싸우지 않는 샐러리맨 집단'으로 전락한 데 있다. 거듭 말하지만 싸우는 자세를 잃으면 운이 나빠진다. 그런 이유로 일본의 가전 기업과 반도체 기업은 중국, 한국, 대만 기업의 강한 투지 앞에 어이없이 무릎을 꿇고 말았다.

수비만 지향하면
쉽게 무너진다

물론 중국, 한국, 대만 기업의 구성원에 비해 일본 기업 구성원의 능력이 열등했던 것도, 의욕이 없었던 것도, 자만했던 것도 결코 아니다. 이것은 오로지 경영자의 기질과 자세 문제다. 앞에서도 말했듯 대장이 용맹하지 않으면 강한 부대를 만들 수 없는 법이다. 그러면 일본의 경영자와 중국, 한국, 대만의 경영자는 어떤 점이 다를까? 간단히 말해 경영자가 수비를 우선하는 샐러리맨 사장인지, 공격을 중시하는 창업 경영자인지가 관건이다.

현대 일본 대기업의 경영자는 대부분 샐러리맨 사장이다. 그들은 조직에서 큰 실수 없이 업무를 요령 있게 처리하며 순조롭게 출세한 사람들이다. 그래서 사장 자리에 앉자마자 쓸데없는 도전은 하지 않으면서 평온하고 무사하게 임기를 마치자고 결심했을 것이다. 즉 '수비' 경영을 지향하는 것이다.

한편 중국, 한국, 대만은 스스로 최고 경영자가 된 창업자가 지금도 건재해 기업의 경영을 맡고 있는 경우가 많다. 이들은 오너십 경영 아래 중·장기적 관점으로 미래를 바라보며 지금 해야 할 일을 생각한다. 이처럼 회사의 미래를 생각할수록 현상 유지에 머물지 않고 과감하게 '공격'하는 경영에 나설 수 있다.

오너십이 희박한 샐러리맨 사장과 회사 경영에 목숨을 거는 창업 경영자는 회사 경영의 논리와 전략이 근본적으로 다르다. 어쨌든 중국, 한국, 대만의 기업 경영자는 대부분 창업 경영자라서 지금처럼 큰 성장을 이룰 수 있었을 것이다. 참고로 오너십 펀드(창업자가 경영하는 기업만 모아놓은 펀드)의 수익률 또한 다른 투자 펀드에 비해 확실히 높다고 한다. 이것도 오너십의 우월성을 뒷받침하는 증거가 될 것이다.

샐러리맨 사장을 싸잡아 비난하는 것이 아니라 수비를 우선하는 보수적 기질을 문제 삼는 것뿐이다. 어차피 창업자가 기업을 영원히 경영할 수는 없으니 샐러리맨 경영자도 오너십을 제대로 계승해 미래지향적이고 공격적으로 기업을 경영하기만 한다면 아무 문제 없다. 아직 소수이긴 하지만 일본에도 그런 경영자가 실제로 존재한다.

가진 게 많을수록
지키기에 급급하다

나는 29세에 약 60m²의 작은 잡화점인 도둑 시장을 개업했다. 그때 나는 아무 특기도 쓸모도 연고도 없는, 이른바 맨몸이었다. 그저 그때까지 모은 돈을 몽땅 털어 넣어 사생결단의 각오로 할인점을 개업한 초보 장사꾼일 뿐이었다. 돌이켜보면 그때 나는 '무조건 돈을 많이 벌어 대단한 사람이 되겠다'라고 이를 부득부득 갈며 빈 주먹만 휘두르고 있었다. 하지만 아무것도 갖지 못한 게 행운이었다.

아무것도 없었기에 오히려 아무런 제약 없이 운의 3대 조건인 공격과 도전, 낙관주의를 자유자재로 실천할 수 있었고,

결과적으로 그에 따른 결실을 넘치게 누릴 수 있었기 때문이다. 구체적으로 말하자면, 당시 나는 가게에 독특한 개성을 부여해 존재감이 부각되도록 하는 데 온 힘을 쏟았다. 이런 태도가 분명 사업 운을 틔워주었을 것이다.

오히려 어설프게 뭔가 갖추고 시작했다면 성공하지 못했을 것이다. 그래서 나는 '1%의 비극'이라는 말을 자주 인용한다. 집이 부유하거나 공부를 잘하거나 야구나 축구 등 스포츠를 잘해서 상위 1%에 드는 사람들이 오히려 그 영광에 끌려다니느라 행운을 잡지 못한다는 뜻이다. 심지어 영광이 악운을 부르기도 한다. 가진 게 많은 사람은 종종 수세를 취한다. 자존심을 지키려고 도전자가 되지 않으려 하는 것이다. 그러면 행운을 잡을 수 없다. 3장에서 소개한, 위험을 감수하지 않으려 하는 엘리트 공무원이 1% 비극의 전형일 것이다.

평범한 재주를 지닌 사람도 마찬가지다. 중학교나 고등학교에서 상위 1%에 속한 수재여도 사실 사회에 나오면 평범한 축에 속하기 마련이다. 실제로 고만고만한 대기업이나 관청에만 가도 그런 직원이 쓸어 담을 만큼 많다. 그러나 이들이 학창 시절 상위 1%라는 과거의 영광에 집착하고 자존심을 소중히 여겨 방어적인 자세를 취한다면 행운을 결코 붙잡을 수 없다.

이런 샐러리맨 집단이 일본 경제를 이 지경으로 악화시킨 주범일지도 모른다.

누구를 곁에 두냐에 따라
운이 요동친다

운을 악화하는 큰 요인인 '인간관계'에 주의해야 한다. 좋은 운과 나쁜 운은 거의 '인간 대 인간' 문제로 귀결된다. 즉 다른 사람과의 관계에 따라 운이 좋아질 수도 있고 나빠질 수도 있다. 사람을 정확히 판단하기는 어렵지만 운을 나쁘게 만드는 사람은 어느 정도 구분할 수 있다. 지금부터 어떤 사람을 피하는 게 좋은지, 실제 사례를 들어 설명하겠다.

우선 가장 쉬운 예로 말만 섞어도 불운을 불러들이는 '불운의 상징' 같은 사람들을 살펴보자.

부끄러운 이야기지만, 나는 약 6년간 백수로 지냈던 20대 때 주변에서 "일류 대학을 나왔으니 건실한 샐러리맨으로 살면 좋을 텐데"라는 말을 매일 들으면서도 고집스럽게 버텼다. 그리고 마작으로 먹고살며 "언젠가 한 방으로 뜰 거야"라는 허

황된 말만 늘어놓았다. 멋져 보일지도 모르지만 결국은 혼자 허세를 부리며 자기모순에 빠져 있었을 뿐이다. 주변에 나 같은 사람이 있으면 누구나 '위험하다', '가까이하지 않는 게 좋다'라고 여기는 게 당연하다. 결국 건실한 사람은 나를 상대하지 않았고 주변에는 괴상한 사람들만 남았다.

지금은 훤히 보이지만, 그때는 나도 잘 몰라서 뒷골목으로 직진할 인간, 지금 사기꾼이거나 나중에 사기와 나쁜 짓에 가담할 인간, 빚을 늘려 보증인에게 피해를 줄 인간 등 아주 해로운 사람들이 주변에 득실거리도록 두었다. 물론 이들과 친하지는 않았다. 그래도 잡담 정도는 나누며 지냈다. 그런데 그런 인간들과 잡담을 나누는 것조차 운을 결정적으로 악화할 수 있다. 실제로 그들 때문에 힘든 일을 여러 번 겪으면서 '이런 놈들은 아예 만나지 않는 게 좋다'라는 당연한 사실을 뼈저리게 깨달았다.

그다음은 '남 탓하기 좋아하는 사람들'이다. 말만 섞어도 불운을 불러들이는 사람은 당연히 피해야겠지만 '겉으로는 멀쩡해 보였는데 이야기를 나눠보니 운을 악화하는 사람이었구나' 싶은 사람들도 있다.

이들은 자신에게 일어난 문제를 스스로 해결하지 않고 '세상이 나쁘다', '회사가 나쁘다', '주위 사람들이 나쁘다'라며 남을 원망하거나 비난하려 한다. 게다가 외로움을 너무 많이 타서 관계에 중독되기 쉬우므로 당신에게도 슬금슬금 다가올 것이다. 이들은 대체로 신사적인 가면을 쓰고 온화한 표정을 지으며 접근한다. 그래서 매정하게 물리치기 어려울 수도 있지만 어떻게든 접촉을 차단해야 한다. 남 탓하는 사고방식이 결국 당신에게도 영향을 미쳐 쓸데없는 불운을 부르기 때문이다.

남 탓하는 사람은 '주어 전환'을 하지 못한다. 5장에서 설명할 주어 전환은 좋은 운을 끌어들이는 데 반드시 필요한 사고방식이다. 주어 전환 능력이란 간단히 말해 '상대 입장이 되어 생각하고 행동하는 능력'이다. '뭐야, 그게 다야?'라고 생각할 일이 아니다. 일이나 사업에서 실제로 주어 전환을 적용하기는 상당히 어려우므로 누구나 처음에는 벽에 부딪힐 것이다.

보통 사람들도 어려울 정도니 남 탓하는 사람들이 주어 전환을 할 리 없다. 그들은 세계가 자신을 중심으로 돌아간다고 생각하므로 상황을 객관적으로 보지 못한다. 심지어 남의 기분을 미루어 짐작하는 일은 이들에게는 아예 불가능에 가까운 묘기다. 남 탓하는 사람이 늘어 조직의 대부분을 차지하면 틀림없이 조직의 운이 나빠진다. 소속된 개인의 능력이 아무리 뛰어나도 전체의 성장을 기대하기는커녕 쇠퇴가 시작된다. 이것도 실제 경험에 비추어 단언할 수 있다.

내가 처음부터 신뢰하지 않는 또 하나의 유형이 있다. 바로 자신을 실제 이상으로 과시하는 사람들이다. 이들은 분수에 맞지 않는 고가의 명품을 두르고 다니고, 실제보다 더 부자인 듯 행동하며, 사실을 멋대로 부풀려 전달하기도 하고, 연예인이나 정치가 등 유명인과의 친분을 자랑하면서 어떻게든 몸집을 크게 보이려 애쓴다. 이런 사람은 십중팔구 전염병 같은 존재니 피해야 한다. 타인을 디딤대로 이용하려 하므로 아무 생각 없이 어울리다 보면 피해를 보기 쉽다. 최대한 가까이하지 않아야 하고, 어쩔 수 없이 봐야 하는 상황이라면 일정한 거리를 두는 게 좋다.

악운을 불러들이는 사람이 이렇게나 많다. 이런 사람들은 일반적으로 붙임성이 좋아서 생글거리는 얼굴로 다가온다. 그러다 어느 순간 갑자기 악운의 사자로 변한다. 이런 사태를 피하려면 사람을 관찰해 판단하는 능력이 필요하지만 이것은 그리 쉬운 일이 아니다.

나는 지금까지 공적으로나 사적으로나 여러 유형의 사람들을 만나며 다양한 인간관계를 경험했다. 적어도 인간관계의 양과 다양성으로는 남에게 뒤처지지 않을 것이다. 그래서 30~40대에는 '이만큼 사람을 많이 만나보았으니 사람을 순간적으로 파악하는 능력이 생겼겠지'라고 자신했다.

그러나 이것이 오만한 생각이었음을 나중에 깨달았다. 다양한 경험을 쌓으며 배신당하다 보니 사람에 대한 판단력이 다소 좋아진 건 사실이지만 그것도 한계가 있었다. 지금도 사람을 과대평가하거나 엉뚱한 기대를 품는 등 내 판단이 보기 좋게 틀리는 일이 많다. 그래서 이런 결론에 도달했다.

'결국 사람은 남의 속을 모른다.'

생각해보면 하느님의 아들 예수그리스도 또한 12명밖에 안 되는 제자 중 하나에게 배신당해 십자가형을 당했다. 하물며 평범한 우리가 남의 속을 어찌 꿰뚫어 볼 수 있겠는가.

그렇지만 현실적으로는 사업이나 사생활에서 마주치는 사람들을 관찰하고 판단하고 대응하는 수밖에 없다. 일단 '나는 저 사람을 모른다'라는 불합리한 진실을 인정하고 '시간이 지나도 완전히 알 수는 없다'라고 긍정적으로 체념하며 관망하는 것이 최선일 것이다.

적정 거리가
운을 끌어당긴다

───

인간관계가 어렵다면 '시간 테스트'라는 대안이 있다. 일정 기간을 두고 사람의 진위를 천천히 판단하는 것이다. 내가 아는 한 이것이 사람을 판단하는 최고의 방법이다. 상대방과 첫 만남에서 아무리 훌륭하고 매력적이라는 인상을 받아도, 아니 그럴수록 '사람을 과대평가하거나 지나치게 믿으면 안 된다'라고 마음을 다잡아야 한다. 이러한 시간 테스트는 짧으면 3~4개월, 길면 1년 정도가 좋다. 물론 이는 접촉 횟수와 관계의 깊이에 따라 달라진다.

　이야기가 조금 옆길로 새는데, 남녀 관계에서 특히 시간 테스트를 생략하기 쉽다. 첫인상에 이끌리거나 첫눈에 반하는 등 강렬한 감정에 지배당하기 때문이다. 그 결과 유감스럽게도 슬픈 결말을 맞기도 한다. 시간을 두고 사람을 판단하는 방식은 남녀 관계뿐만 아니라 업무상 인간관계를 맺을 때, 사람을 채용할 때도 효과적이다. 특히 채용에 활용되는 '인턴십'은 기업과 학생이 서로를 천천히 판단할 수 있게 하는 매우 뛰어난 제도다.

물론 첫인상과 시간 테스트의 결과가 일치하는 것이 이상적이지만 둘 사이에 큰 차이가 생길 때가 많다. 그렇다면 당연히 시간 테스트의 판단에 무게를 둬야 한다. 그렇게 할 수 있는 용기와 냉정함이 필요하다. 거듭 말하지만 사람은 남의 속을 알 수 없기 때문에 시간 테스트가 필요하다. 친구, 지인, 연인을 대할 때나 동료, 부하, 상사를 대할 때도 시간 테스트를 소홀히 하면 인간관계에 문제가 생겨 악운을 부르게 된다.

또한 남 탓하는 사람, 전염병 같은 사람 들과 거리를 두는 것은 기본 중의 기본이다. 나아가 개성이나 직업을 불문하고 어떤 사람을 만나든지 항상 일정하고 적절한 거리를 유지하는 것이 중요하다. 좋은 운을 유지하려면 꼭 그래야 한다. 적절한 거리를 유지하며 사람을 사귀는 능력에 비례해 인생이 충실해질 것이다.

중국 전국시대의 사상가 장자莊子도 "군자의 사귐은 담백하기가 물과 같다"라고 했다. '군자는 인간관계를 물처럼 산뜻하게 유지하므로 우정(관계)이 오래 변하지 않는다'라는 뜻인데 이 '담백한 물'이 내가 지향하는 '거리'를 상징한다.

사람과의 거리를 적당히 조절하는 일은 매우 중요하다. 적정 거리는 상황에 따라 달라질 텐데, 사람을 맹신해서도 안 되고 반대로 무조건 부정적으로 보고 불신하거나 시기와 의심에 빠져서도 안 된다. 다시 말해 타인을 단순히 '선인=좋은 사람', '악인=나쁜 사람'으로 극단적으로 분류하지 말아야 한다. 모든 인간은 새하얗지도 새카맣지도 않은 회색 지대 어딘가에 있다. 그 위치는 각각의 처지나 시대(시기), 나이, 주변 인간관계에 따라 천차만별로 달라진다. 따라서 자신과 상대가 그러데이션의 어디쯤 있는지 판단하고, 그 판단에 따라 적정 거리를 설정하며 적절한 접점을 찾아내는 게 중요하다.

다만, 노골적으로 거리를 두어서는 안 된다. 정나미 떨어지게 대해 상대에게 나쁜 인상을 주는 것은 최악이다. 운을 나쁘게 만드는 사람과 거리를 둘 때 오히려 더 웃으며 대해서 상대가 의도를 오해하지 않도록 하자. 그렇게 할 수 있어야 비로소 어른이 되는 것이다.

나는 권투를 아주 좋아하는데, 역사에 남을 만한 권투 선수와 챔피언도 '거리 두기의 달인'이다. 물론 보통 사람은 비교도 하지 못할 만큼 강한 펀치와 뛰어난 기술, 민첩성을 갖춘 선수들이지만 그 정도의 능력을 갖춘 선수는 그 외에도 많다. 그러면 평범한 선수와 챔피언의 결정적 차이는 무엇일까? 바로 거리 두기 실력이다. 즉 자기 펀치가 확실히 닿을 거리, 상대의 펀치가 닿지 않을 거리를 항상 유지하느냐 못하느냐가 관건이다. 사업이나 인생의 싸움에도 같은 원리가 적용된다. 독자 여러분도 '사람과 거리 두기'의 달인이 되기를 바란다.

인간관계에서 지녀야 할
마음가짐 세 가지

사람과 거리를 둘 때 지녀야 할 마음가짐을 몇 가지 포인트로 나누어 설명하겠다.

첫째, 인간의 질투가 얼마나 무서운지 인식하고 어떻게든 질투의 대상이 되지 않도록 주의해야 한다. 질투의 힘은 내가 겪어봐서 잘 안다. 아무것도 없었던 젊은 시절에 나는 남들보다 질투심이 훨씬 강했다. 풍족하고 좋은 환경에서 자라나 성공한 사람은 물론이고 예쁜 여자 친구와 사귀는 사람까지 질투했을 정도다.

게다가 시골 출신이면서 어울리지도 않는 게이오기주쿠 대학교에 들어가 도시 출신의 부잣집 아이들과 수업을 듣다 보니 시기심이 부글부글 끓어올랐다. 그들을 진심으로 부러워하며 배 아파했다. 그러나 한편으로는 그 질투심이 '이런 녀석들에게 지고 싶지 않다'라는 강렬한 동기가 되어 이후 내 인생을 성공으로 이끌기도 했다. 어쨌든 그만큼 시샘이 많았으므로 남에게 절대 질투를 사지 말자고 결심했다. 사업이 잘되어도 고급 차는 되도록 타지 않는 등 내 성공을 어떻게든 숨기려 했다. 질투의 폭풍에 맞닥뜨리면 무너질지도 모른다는 공포심 때문이다.

인생이나 사업에 성공했다고 으스대며 자만하는 사람이 있는데, 이것은 악운을 부르는 최악의 수다. 세상에는 틈만 나면 남의 발목을 잡으려는 사람들이 득실거린다. 성공을 과시하면 이런 사람들의 적의가 더 커지므로 불운을 앞당기게 된다. 따라서 운과 노력으로 성공을 거둔 사람은 자신을 질투할 만한 사람과는 되도록 만나지 않는 것이 좋다.

사람은 특히 자신과 능력이나 환경이 비슷하면서 자신과 달리 돈과 지위를 갖고 있는 사람을 질투하기 쉽다. 그래서 예전에 자신과 수준이 비슷했던 학교 친구가 크게 성공했다는 소식을 들으면 갑자기 배가 아파지는 것이다.

둘째, 질투를 느끼는 사람은 상대에게 결코 '부럽다'라고 말하지 않는다. 그렇게 말하는 순간 진 것 같은 기분이 들기 때문이다. 하지만 마음 밑바닥에는 부러운 감정이 있다. 그런 의미에서 다른 사람이 나에게 '부럽다'라고 말할 때 특히 조심해야 한다. 그 말은 재앙을 불러들이는 저주와도 같다. 그런 말과 생각을 내가 나서서 유도할 필요는 없다. 어쨌든 득의양양하게 "나는 성공했다"라고 자랑하는 사람치고 그 성공을 오래 유지하는 것을 보지 못했다.

새삼 질투란 무엇인지 생각해보니 '상대의 실패를 바라는 마음이 극대화된 상태'라고 할 수 있을 듯하다. 그런 불길한 저주를 굳이 자신에게 집중시킬 필요는 없다. 불운을 끌어당길 테니 말이다.

한편 스포츠 선수나 바둑 기사처럼 승부를 업으로 삼는 사람은 길흉을 중시하는 듯하다. 경영자도 마찬가지다. 누구나 아는 유명한 경영자가 중요한 모임에 나갈 때 셔츠와 넥타이 색에 신경 쓰고 연회의 식사 메뉴를 신중하게 고른다는 이야기를 종종 듣는다.

나는 그런 일에는 일절 관여하지 않는다. 작명이라든가 풍수, 사주팔자, 손금도 전혀 신경 쓰지 않는다. 실제로 모두가 꺼리는 '불멸仏滅◆'의 날에 돈키호테 매장을 연 적도 많았다. 심지어 2017년 싱가포르에 개업한 아시아 1호점 돈돈돈키는 풍수

지리적으로 최악으로 꼽히는 위치에 있지만 지금도 장사가 아주 잘된다.

그렇게 간단하게 행운을 끌어올 수 있다면 세상에 고생하는 사람이 하나도 없어야 한다. 마음을 안정시킬 수 있을지 몰라도 미신의 역할은 딱 거기까지다. 진정한 의미의 행운과 미신은 아무 관계가 없다고 생각한다. 이것이 사람과 거리를 두기 위한 마지막 마음가짐이다. 미신이나 길흉에 필요 이상으로 얽매여 우왕좌왕하면 오히려 운이 나빠질 것이다. 체험에 근거해 '과학적 근거 없는 주장을 차단하는 단호함이 오히려 좋은 운을 부른다'고 말하고 싶다.

1997년 도쿄 신주쿠 쇼쿠안職安 거리에 문을 연 돈키호테 신주쿠점이 음이 극에 달하면 양이 된다는 음극양전陰極陽轉의 대표 사례다. 쇼쿠안 거리 일대는 지금은 일본 최대급 한인 타운으로 번성하고 있지만, 돈키호테가 진출했을 때는 약간 무섭다고 여겨지는 지역이어서 당시 유통업계의 상식으로는 누구나 출점을 꺼릴 만한 곳이었다. 사내에서도 '신주쿠점 출점은

◆ 석가가 사망함. 일본에서 불멸의 날은 흉한 날이라 여겨 결혼식이나 행사를 하지 않는다.—옮긴이

너무 위험하다'라는 이유로 끈질기게 반대하는 사람이 많았다.

그런데 돈키호테가 밤에도 불을 환하게 켜고 영업하다 보니 주변에 다른 음식점이나 상점이 속속 모여들었다. 돈키호테가 거리에 활기를 불어넣는 기폭제가 된 것이다. 이제 쇼쿠안 거리는 밤에도 번화한 상업가가 되었고 신주쿠점은 우리 회사를 대표하는 수익원이 되었다.

2015년에 개업한 메가 돈키호테 신세카이新世界 점 역시 오사카大阪의 슬럼가로 통했던 신이마미야新今宮 지구, 이른바 '아이린愛隣 지구'에 개점한 후 대표적인 인기 점포로 성장했다. 참고로 2022년 4월에는 이 점포 근처에 호시노星野 리조트의 'OMO7 호텔'이 들어섰다. 이처럼 우리 회사는 다른 회사가 진출을 꺼릴 만한 곳에 적은 비용으로 매장을 열어 인기 점포로 성장시키는 성공 체험을 반복해왔다.

'음이 극에 달하면 양이 된다'라는 말은 무슨 일이든 지나치면 반작용이 시작된다는 의미인데, 이 말처럼 대흉이 길어질수록 대길이 가까워졌다고 생각하면 된다. 운의 흐름을 읽는 이런 감수성을 연마하는 일이 길흉을 점치는 것보다 훨씬 중요하다.

독재는 운을
확실히 악화한다

마지막으로 내가 가장 싫어해서 스스로에게도 철저히 금지한 '독재'를 간단히 언급하려 한다. 독재는 개별 운뿐 아니라 집단 운에도 큰 영향을 미치는 요인이므로 7장에서 자세히 설명할 것이다.

결론부터 말하면 독재는 집단 운을 악화하고 결국은 독재자 본인의 개별 운까지 나빠지게 한다. 이 원리는 동서고금을 막론하고 국가와 기업을 포함한 모든 집단에 해당된다.

쉬운 예가 같은 민족이면서도 국력에 큰 차이가 나는 한국과 북한이다. 독재를 부정하는 민주주의국가인 한국, 그리고 공산주의 독재국가인 북한 중 어느 나라 국민이 풍요롭고 행복할지 새삼 말할 것도 없다.

기업도 마찬가지다. 창업 사장이든 샐러리맨 사장이든 독재를 휘두르며 지위를 누리려 하면 직원이 반드시 불행해진다. 게다가 기업은 국가와 달리 순식간에 무너진다. 유통업계에도 그런 사례가 비일비재하다.

독재는 공포로 남을 지배하는 가장 평범하고도 안이한 관리법으로, 직원 개개인의 열정을 단숨에 앗아간다. 그러니 정반대의 길을 선택해야 한다. 내가 독재에 반대되는 '무시無私◆'의 경지에 이른 후 우리 회사의 실적이 놀랄 만큼 좋아졌다. 직원들로 하여금 열정을 발휘하도록 했더니 각자가 적극적으로 일하는 최강의 조직으로 변한 것이다.

나는 이런 경영을 '오너십을 갖춘 민주주의 경영'이라고 표현한다. 그래서 "누구든 사장이 되는 순간 자아를 버리고 사심 없는 경영에 전념해야 한다"라고 귀에 못이 박히게 강조한다. 거듭 말하지만 사장이 독재적이고 자의적인 경영을 선택하는 순간 회사는 무너져 안개처럼 사라질 것이다.

◆ 개인적 이익을 생각하지 않는 것.—옮긴이

• 4장 포인트 •

✔ 타인과의 관계가 운을 크게 좌우한다.

✔ 상대의 마음을 짐작하지 못하는 남 탓하는 유형이 운을 악화시킨다.

✔ 남의 속을 알 수 없으므로 다른 사람을 조금이라도 파악하려면 시간 테스트가 필요하다.

✔ 공격의 대상이 되지 않도록 사람과 거리 두기의 달인이 되어야 한다.

비기 2

성공과 실패를
가르는 신용

경영자의 성패가
갈리는 분기점

경영자는 처음에 '창업'이라는 괴로운 과정을 거친다. 창업을 잘 마친 후에는 다음 단계인 회사 발전을 지향한다. 회사를 계속 발전시키려면 무엇이 필요할까? 경영자의 성공과 실패가 어디에서 결정되는지 생각해보자.

나는 경영 초보였던 30대와 40대에 반면교사로 삼을 만한 창업자 겸 경영자를 여럿 보았다. 그들은 의외로 능력이 뛰어나고 머리가 좋을 뿐만 아니라 의지와 정신력도 매우 강해 이른 아침부터 늦은 밤까지 열심히 일했다. 게다가 인간적 매력도 있고 이야깃거리도 풍부해 많은 이들을 매료했다. 그래서 창업자이자 경영자로서 나름의 성과를 거두어 상당한 위치를 확보했다.

그러나 무슨 이유에서인지 그들은 더 위로 올라가지 못하고 좌절했다. 회사가 기울어지려 할 때마다 타고난 도전적 기질로 재기를 꾀해 어느 정도까지 회복했다가 또다시 무너진다. 이런 과정을 몇 번 반복하는 동안 나이를 먹고 피폐해져 결국은 업계에서 사라지고 만다. 성공한 경영자보다 그런 식으로 실패한 경영자가 몇 배나 많았다.

한편 창업 때의 기세를 잃지 않고 사업을 순조롭게 확대하고 발전시키는 경영자도 있다. 그런데 그들에게는 특별한 능력이나 기질이 없었다. 굳이 말하자면 적당히 사는 듯 보이는 사람들이 많았다.

최종적으로 실패하는 운 나쁜 경영자와 최종적으로 성공하는 운 좋은 경영자의 차이는 과연 무엇일까? 답부터 말하자면 전자는 '신용을 낭비'하고 후자는 '신용을 축적'한다. 무슨 이야기일까?

눈앞의 이익이냐,
신용이냐

최종적으로 실패하는 운 나쁜 경영자는 재치도 있고 머리도 잘 돌아가 열심히 노력하고 인맥도 쌓는다. 그러나 어느 선에 이르면 욕심에 눈이 멀어 눈앞의 이익에 치우치게 된다. 다른 사람이 베푼 은혜를 잊고 자신의 이익만 좇는 것이다. 그래서 실적이 일시적으로 좋아지는 대신 그때까지 쌓아 올린 신용을 잃게 된다. 게다가 안타깝게도 본인은 자신의 신용이 깎여나가는 것을 깨닫지 못한다. 앞서 잠시 언급한 주어 전환에 소홀한 대표 유형이다. 그래서 뉘우치지 않고 실패를 거듭한다.

그에 비해 최종적으로 성공하는 운 좋은 경영자는 '살을 주고 뼈를 취하겠다'라는 듯이 눈앞의 사소한 이익에는 눈길조차 주지 않는다. 항상 상대방을 높여주면서 신용을 착실히 쌓는다. 그래서 중·장기적으로 막대한 과실(이익)을 얻고 압도적 승리를 거머쥔다.

이런 이야기는 어떤 경제·경영서에도 나오지 않는다. 그나마 이를 본격적으로 다룬 유일한 책이 『원류』일 것이다.

진짜 이익은 고객의 신용이 쌓여야 실현된다. 반대로 눈앞의 이익에 치우쳐 신용을 잃는다면, 그런 이익은 차라리 없는 게 낫다. 이것만 기억하면 헷갈리지 않을 것이다. 만약 헷갈린다면 아무 생각도 하지 말고 사심 없고 정직한 장사에만 몰두하자.

_『원류』경영 이념 제1조 해설문 중에서

5장

주어를 전환하면 운이 붙는다

단기적으로는 단순한 운으로 승부가 갈리지만 중·장기적으로는 실력 차이로 승부가 갈린다. 그래서 한두 판으로는 상대의 실력을 알 수 없다. 인생과 사업도 마찬가지다.

거꾸로 생각하면
깨닫게 되는 것들

내 성공 철학의 가장 중요한 키워드는 '주어 전환'이다. 나는 주어 전환의 철학으로 인생과 사업의 길을 찾아 풍부한 성과를 누리고 있다. 과연 주어 전환은 무엇일까? 독자 여러분에게는 생소한 말일 테니 일단 간단히 설명하겠다. '눈에서 비늘이 벗겨진다'라는 말이 있다. 어떤 계기를 맞아 갑자기 사물의 진정한 면모가 보이고 원리를 이해하게 된다는 뜻이다. 나도 인생과 경영의 위기를 거치며 눈에서 비늘이 벗겨지는 경험을 여러 번 했고, 그럴 때마다 발상을 바꾸어 새로운 삶을 열었다. 그중에서도 가장 중요한 변화가 '상대의 처지에 서서 생각하고 행동하게 된 것'이다. 말 그대로 주어 전환이 가능해진 것이다. 당연한 이야기라고 생각하지 말고 계속 읽어보길 바란다.

사회생활을 하다 보면 누구나 벽에 부딪힌다. 어지간히 태평한 사람이 아니라면 자신이 왜 그 벽을 넘지 못하는지 원인을 찾고 다양한 해결책을 시도하기 마련이다. 하지만 처음에는 잘 해결되지 않는다. 이것저것 시도하지만 좀처럼 벽을 넘거나 돌파하지 못한다. 왜 그럴까? 방법을 바꾸고 도구를 바꾸는 정도로는 본질이 완전히 달라지지 않기 때문이다.

벽에 부딪혔다면 관점을 아예 바꾸는 것이 좋다. 그리고 이 '관점'을 '주어'로 바꿔 생각할 수 있다. 요컨대 문제를 해결하려는 쪽이 아니라 문제를 제기한 쪽에서 사고하는 것이다. 자기가 아닌 상대를 주어로 삼아 생각해보자. 그러면 지금까지 보이지 않았던 것이 선명하게 보일 것이다. 내 경험에 비추어 말하자면 틀림없이 그 순간 운이 트일 것이다.

예를 들어 사업이 잘 풀리지 않아 실적이 점점 나빠지고 있다고 하자. 누가 봐도 원인이 명확하다면 대책도 명확할 테니 애초에 실적이 나빠지지도 않았을 것이다. 대부분은 원인을 모르기 때문에 실적이 계속 나빠지는 것을 방치한다. 게다가

'점점' 나빠진다는 것은 여러분이 제공하는 물건이나 서비스를 거래처나 소비자가 전보다 조금씩 덜 필요로 하고 지지하지 않는다는 뜻이다. 그러므로 거래처나 소비자, 즉 상대의 처지에서 진지하게 상황을 들여다봐야 개선점이 보일 것이다. 업무나 사업에서 문제 해결의 주어는 항상 '나'가 아니라 '상대'여야 한다. 주어 전환은 운을 틔워주는 최고의 논리다.

그러나 '말은 쉽고 실행은 어렵다'라고 하듯, 이 철학을 실천하기는 쉽지 않다. 타고난 호인이거나 달관한 사람이 아니라면 세계가 자신을 중심으로 돌아간다고 믿기 때문이다. 사람의 눈에는 원래 '주어는 나'라는 비늘이 몇 겹씩 덧씌워져 있다.

나도 아수라장 같은 궁지에 몰린 채 그 상황을 어떻게든 헤쳐나가 보려고 젖 먹던 힘까지 짜내며 고민하는 경험을 여러 번 거친 후에야 그 비늘을 벗길 수 있었다.

욕심과 자아를 버려야
인재가 다가온다

주어 전환의 필요성을 절실히 느낀 계기가 있었다. 도둑 시장을 운영하던 시절과 돈키호테 창업 초창기에 직원 문제가 무척 심각했기 때문이다. 젊은 시절에는 오로지 나만 생각했다. '빨리 부자가 되고 싶다', '성공해서 인정받고 싶다'라는 생각이 겉으로 적나라하게 드러났을 것이다. 직원들에게 "여러분, 힘내세요. 성과를 올리면 월급도 올라갑니다"라고 말하긴 했지만 '내가 부자가 돼야 한다'라는 속내가 훤히 보였을 테니 결과가 뻔하다.

그래서 밤낮없이 직원 문제로 고민할 수밖에 없었다. 믿고 의지하던 직원이 어느 날 갑자기 그만뒀는데 알고 보니 경쟁 매장으로 자리를 옮겼다거나 그만두기 전에 사내 부정을 저지른 사실이 밝혀진다거나 하는 일이 끊이지 않았다. 이것은 주어 전환에 실패할 때 벌어지는 전형적인 현상이다. '내 꿈을 이루기 위해 직원을 활용한다'라고 생각하면 좋은 인재가 모이기는커녕 사람이 떨어져 나갈 것이다.

그래서 어느 순간 내 자세를 반성하고 욕심과 자아를 싹 버린 채 직원의 관점에서 경영을 생각하기로 했다. '어떻게 하면 직원이 행복해할까?'라고 열심히 고민해 변화를 제안하자 사업도 점점 더 잘 굴러가게 되었다.

고객 최우선주의가
중요한 이유

주어 전환의 필요성을 깨닫게 한 계기가 또 하나 있었다. 처음에 나는 판매자의 눈으로만 상품을 보았다. 하지만 팔려고 하니 팔리지 않았다. 돈만 벌려고 하니 벌리지 않았다. 어설프게 간절한 마음만 적나라하게 드러나 고객이 멀어지는 악순환이 시작되었다. 서투른 개그맨일수록 관객을 웃기려는 마음이 지나치게 두드러져 정작 웃기지도 못하고 무대만 점점 썰렁하게 만드는 법이다. 마찬가지로 상점에서도 상품을 팔려고 애쓸수록 고객은 압박감을 느껴서 분위기만 어색해진다.

그런 실패를 거듭하며 고민에 빠졌다. '상품이 왜 팔리지 않을까?', '어떻게 하면 팔 수 있을까?' 등 병목을 탈출할 방법을 궁리한 끝에 결국 깨달았다. 고객은 판매자의 일방적 의도를 간단히 알아차린다는 것이다. '고객은 어차피 원가를 모르니까 이 기회에 한몫 챙기자', '조금만 부풀려서 광고하자'라는 안이한 장삿속을 고객은 반드시 알아챈다. 당장은 들키지 않아서 일시적으로 돈을 벌지 몰라도 나중에 틀림없이 호된 대가를 치를 것이다.

'흔한 상품으로 폭리를 취하려 하면 당연히 들키겠지만 우리 가게에만 있는 상품이라면 괜찮지 않을까?'라고 생각하는 사람도 있을 것이다. 그것도 오산이다. 반드시 들킨다. 논리적 증거가 있어서가 아니라 정직하지 않은 기운, 교활한 분위기가 매장을 자욱하게 뒤덮어 결국은 고객이 눈치챌 수밖에 없다.

나는 이 사실을 깨닫고 사심 없이 정직하게 장사하기로 마음먹었다. '앞으로는 돈(매출과 이익)이 아닌 인기(고객의 지지)를 우선해야겠다'라고 결심한 것이다. 희한하게도 그렇게 마음먹은 순간 매출과 이익이 오르기 시작했다. 결국 장사꾼은 정직해야 돈을 벌 수 있다. '상도'를 들먹이려는 것이 아니다. 다만 현대의 상업에서도 정직이 가장 실효성 있는 현실적 정책인 동시에 좋은 운을 부르는 철학임을 강조하고 싶다.

『원류』에도 썼지만 PPIH 그룹의 기업 원리는 '고객 최우선주의'다. 우리의 정의에 따르면 고객 최우선주의란 '내가 고객이라면 판매자 측에 어떤 것을 바랄지 생각하고, 그 바람을 이루어주려는 마음가짐'이다. 물론 그 바탕에는 주어 전환의 철학이 있다.

판매자는 '팔고 싶다', '이익을 내고 싶다'라고 생각하기 마련이지만 '이 가게의 매출에 보탬이 되어야겠다'라고 생각하며 방문하는 고객은 단 한 사람도 없다. 판매자와 구매자 사이의 이런 구도는 영원히 변하지 않을 것이다. '그렇다면 더욱더 고객이 이곳에서 즐거운 시간을 보내고 이득 되는 쇼핑을 했다고 느끼게 하자'라는 것이 우리 회사의 기본자세다. 그러려면 주어를 전환해 철저히 구매자 관점으로 생각해야 한다.

첫 점포인 도둑 시장도 처음에는 제자리걸음을 했지만 고객 최우선주의를 도입한 후 성장하기 시작했다. 도둑 시장은 싸구려나 단종된 제품을 주로 취급했으므로 거의 모든 상품을 한정 수량으로 판매했다. 잘 팔린다고 해서 추가로 매입할 수 없었다. 그 대신 잘 팔릴 듯한 다른 상품을 찾아다니며 매입하는 수밖에 없었다. 그래서 나는 오감을 총동원해 고객의 행동과 기분 변화를 관찰하고 잠재 욕구를 자극하려 했다. 고객이 좋아하는 방식으로 매장을 구성하고 상품을 확보하며 가격을 설정하는 일에 온 힘을 기울였다.

당시 도둑 시장에는 별도 창고를 빌리거나 직원을 고용할 여유가 없었다. 매입한 상품이 차례차례 들어오면 나 혼자 좁은 매장에 상품 상자를 밀고 들어갔다. 선반이라는 선반은 이미 꽉 차 있었고 선반 위에도 박스가 천장까지 쌓여 있었다. 통로도 선반도 박스에 점령당해 매장 전체가 마치 정글 속 미로 같았다. 그 상태로는 뭘 파는지조차 알 수 없었으므로 상품을 설명한 손 글씨 POP를 모든 선반에 붙여놓았다. 이것이 지금 돈키호테의 명물로 불리는 '압축 진열'과 'POP 홍수'의 유래다. 신기하게도 압축 진열을 시작한 후 고객의 반응이 좋아졌다. 보물을 찾을지도 모른다는 기대감으로 여기저기 뒤져보게 된 것이다. 이것도 고객 관점에서 사고하는 주어 전환이 성공을 부른 사례다.

편견을 깨는 아이디어가 필요할 때

도둑 시장 시절에 심야 영업을 처음 시작했다. 폐점 후 매장에서 작업하다가 심야 영업의 가능성을 깨달은 덕분이다. 당시에는 혼자 운영하다 보니 상품 분류나 가격표 작업을 밤에 할 수밖에 없었다. 깜깜한 밤에 환하게 불 켜진 간판 밑에서 젊은 남자가 상품 하나하나에 직접 가격표를 붙이는 모습이 상당히 이상해 보였을 것이다.

그러고 있으니 지나가던 사람들이 "뭐 하시는 거예요?",

"아직 영업하나요?"라고 말을 걸기 시작했다. 상품을 조금이라도 팔고 싶은 마음에 매장으로 불러들이곤 했는데, 밤늦게 들른 고객은 대부분 술을 마셔서 그랬는지 재미있어하며 물건을 사주었다. "어쩌면 안 쓸지도 모르는 볼펜 1개 10엔!"이라며 장난치는 듯한 POP도 이상하게 반응이 좋았다.

'밤에 오는 손님은 낮에 이성적으로 쇼핑하는 주부 손님과는 다르구나'라는 생각에 자정까지 가게를 열기로 했다. 다만 혼자 운영하는 개인 매장이라 심야 영업이 여간 고생스럽지 않았다. 그만큼 죽을힘을 다해 일했던 시절이다.

어쨌든 고객이 상품이 꽉꽉 차 있는 압축 진열을 '이게 뭐야?'라며 신기해한다는 사실, 어쩌다 밤중까지 영업해봤더니 심야 영업도 좋아한다는 사실을 알게 되었다. 덕분에 도둑 시장은 고만고만한 소매업계에서 눈에 띄는 존재가 되었다.

도둑 시장은 당시 유통업의 상식으로는 '금기 종합 선물 세트' 같은 곳이었다. 유통 교과서에는 '보기 편하고 집기 편하고 사기 편하게' 진열하는 것이 소매업의 철칙이라고 하지만, 우리 가게는 반대로 '보기 힘들고 집기 힘들고 사기 힘든 곳'이었기 때문이다. 그런데도 도둑 시장은 큰 인기를 끌었다. 고객의 관점으로 생각하는 자세를 항상 유지한 덕분인 듯하다.

소매업계의 상식이나 논리, 규칙은 큰 의미가 없다. 심지어 해로울 때도 많다. 그저 상대의 기분이나 욕구를 순간적으로 포착하는 예민한 감성이 필요할 뿐이다. 이 사실을 도둑 시장을 운영하면서 알게 되었다. 압축 진열과 심야 영업 전략을 '역방향 경영'이라 부르는 사람이 많다. 하지만 나는 '순리대로' 장사했을 뿐이다. 나는 그저 주어 전환을 한 것뿐인데 다른 사람들에게는 역방향으로 경영하는 것처럼 보인 것이다.

사실 고객과의 관계뿐만 아니라 경쟁사와의 싸움에서도 주어 전환이 중요하다. '우리 업체가 아닌 상대 업체는 어떤 일이 생기면 제일 곤란해질까?', 즉 '이렇게 공격당하면 속수무책이겠구나'라고 생각되는 일이 뭔지 철저히 궁리하자는 것이다. 이렇게 주어를 전환하면 경쟁 전략을 세울 때도 훨씬 좋은 아이디어를 많이 떠올릴 수 있다.

특히 종합 할인점인 돈키호테는 다양한 상품을 팔다 보니 경쟁 업체에 미움의 대상이 되기 쉽다. 어디에 진출하든 기존 상점이 온 힘을 기울여 덤벼들 것이다. 하지만 돈키호테는 전국의 모든 상권, 입지에서 거의 무적이었다. 경쟁점 관점으로 '이것만은 하지 않으면 좋겠다'라고 여길 일이 뭔지 철저히 생각하기 때문이다. 그렇게 얻은 결론을 가격 설정, 판촉 및 판매

방식에 반영한다. 돈키호테에는 이렇게 주어를 바꾸어 싸움에 적극적으로 나서는 문화가 정착되었다.

상사와 부하의 관계에서도 마찬가지다. 주어를 '상사'로 둔 채 '어떻게 부하를 쓸까, 어떻게 성실하게 일하게 할까?'라는 '내려다보는 시선'을 취하면 사람이 따르지 않는다. 우선 주어를 '부하'로 바꾸어 '내가 부하라면 상사가 나를 어떻게 대할 때 의욕이 날까?'라고 생각해야 한다. 이것이 집단 운을 강화하는 필요 최소 조건이기도 하다.

자기 자신에 대한
집착을 버려라

앞에서 '남 탓하는 경향이 있는 사람은 운이 나쁘다'라고 말했다. 남 탓하는 사람들의 병명은 '주어 전환 불가 증후군'이다. 이들은 자기 자신을 모른다. 다시 말해 자신을 객관화할 수 없다. 그러니 다른 사람의 마음을 미루어 짐작하는 능력이 있을 리 없다.

어른과 아이도 '주어 전환이 되느냐, 안 되느냐'라는 부분에서 구분된다고 생각한다. 아기나 아이는 자기만 생각하는 게 당연하다. "이건 싫어", "저거 갖고 싶어"라고 제멋대로 굴어도 사랑스러워서 용서받는다. 물론 성장해서도 이런다면 이야기가 달라진다. 그런 의미에서 사춘기의 괴로움은 자기밖에 생각하지 못하는 어린아이에서 주어 전환이 가능한 어른으로 성장하고 있다는 징표가 아닐까?

다시 말해 '자기에 대한 집착'과 '주어 전환' 사이에서 겪는 갈등이 사춘기 괴로움의 본질일 것이다. 이것을 극복하면 성숙한 어른이 되고 그렇지 못하면 언제까지나 미숙한 채 남 탓하는 인간으로 나이만 먹게 되는 것이다.

마작을 예로 들면, 초보자는 자기 패만 보고 자기 손에만 신경 쓴다. 그러나 중급 이상이 되면 자기 손보다 상대의 손을 자주 보며 상대가 어떤 상황이고 무엇을 생각하는지 읽으려 한다. 주어 전환이 가능해지는 것인데, 그때부터는 상대를 파악하는 실력이 곧 마작 실력이 된다. 좀 더 자세히 말하자면 마작에서는 상대의 사소한 표정과 시선, 행동을 놓치지 않고 철저히 관찰해 심리를 읽어내는 사람이 이긴다. 나도 실전에서 그 기술을 배우려고 온 힘을 다했다. 이 깨달음은 내 인생의 큰 교훈이 되었고 그 훈련은 경영에 큰 도움이 되었다.

마작은 2장에서 말한 '행운의 최대화와 불운의 최소화'를 겨루는 전형적인 게임이다. 단기 마작에는 운이 압도적으로 작용한다. 상급자든 초보자든 두 게임 정도만 해본다면 거의 운으로 승부가 갈릴 것이다. 이것이 처음부터 실력 차이가 확연히 드러나는 바둑이나 장기 등과 다른 점이다.

단, 마작도 게임을 계속할수록 실력 있는 사람이 이길 확률이 높아진다. 1장에서 다룬 '대수의 법칙'이 작용하는 것이다. 즉 단기적으로는 단순한 운으로 승부가 갈리지만 중·장기적으로는 실력 차이로 승부가 갈린다. 그래서 한두 판으로는 상대의 실력을 알 수 없다. 마작의 묘미와 진수가 바로 여기에 있다. 인생과 사업도 마찬가지다.

나를 아는 힘과 상대를 아는 힘

주어 전환에 대해 자세히 설명했는데, 여기에 '메타 인지 meta-cognition'에 대한 이야기를 덧붙이고 싶다. 행운을 끌어당기는 사람은 기회와 위기를 민감하게 포착한다. 눈앞의 기회와 위기쁨만 아니라 잠재적인 기회와 위기에도 민감하다. 이들은 왜 그런 감수성이 풍부할까? 주어 전환뿐 아니라 메타 인지를 구사하는 덕분이다. 다시 말해 주어 전환과 메타 인지를 동시에 활용하면 남들이 알아채지 못하는 기회와 위기를 깨달을 수 있다.

메타 인지는 뇌 과학 전문용어지만 최근에 비즈니스나 교육 현장에서도 자주 쓰여서 알고 있는 독자가 많을 것이다. 메타 인지란 일반적으로 자신을 객관적으로 인지하는 능력을 가리키며, 이 능력이 뛰어난 사람은 일이나 공부에서 좋은 성적을 얻고 사회적으로 성공한다고 한다.

나는 메타 인지를 조금 더 넓게 해석해 '새의 눈과 곤충의 눈'이라고 표현한다. '새의 눈'이란 거시적 관점으로 부감해서 사고하는 방식을 말하고, '곤충의 눈'이란 대상물에 근접해 (혹은 안으로 들어가) 미시적 관점으로 정밀하게 관찰하고 사물을 입체적으로 떠올리는 다면적, 다층적 사고법을 가리킨다. 나는 늘 '새의 눈, 곤충의 눈'을 구사해 생활과 일의 거점에서 사업 기회를 찾고 실제로 사업을 전개한다. 현지에서 생활하면서 그 지역을 정밀하게 관찰하는 동시에 한 걸음 뒤로 물러나 거시적 관점에서 바라보면 잠재적 사업 기회가 보인다.

예를 들어 2015년부터 생활 거점으로 삼은 싱가포르에 2017년 '돈돈돈키'를 개점했다. 취미의 거점으로 삼은 팔라우에서는 개인 업체인 호텔을 2024년에 개업할 예정이다. 예전에 사원 연수 장소였던 오키나와沖繩 미야코지마宮古島에는 2016년에 첫 낙도형 점포 '돈키호테 미야코지마점'을 열었으며, 또 다른 연수 장소였던 괌에는 2024년 4월에 '돈돈돈키 빌리지 오브 돈키'를 열었다.

그중에서도 괌 진출은 메타 인지와 주어 전환을 한꺼번에 구사한 좋은 사례다. 괌은 우리 회사 연수 장소여서 나도 자주 갔던 곳이다. 그렇게 현지에서 지내다 보니 잠재적 사업 기회가 보여 '이곳에 진출하면 잘될 것 같다'라는 생각으로 입지를 골랐다. 그런 다음 괌이라는 상권과 내가 고른 입지를 새의 눈으로 보았더니 위기가 눈에 띄었다. 공항에 가까워서 늘 교통이 정체되는 곳이라 '이런 데 매장을 열면 큰일 나겠다'라는 생각이 든 것이다.

이때 주어 전환이 큰 도움이 되었다. 부지 안에 우회로를 만들면 정체를 완화할 수 있을 듯했다. 하지만 그렇게 하면 모든 사람이 한쪽으로 밀려들어 매장이 너무 혼잡해질 테니 또 다른 조치가 필요했다. 그래서 현지인들이 어떻게 행동하는지 떠올리면서 건물을 구성해나갔다. 나는 이런 조치를 '사전 수습(자세한 내용은 비기 3 참고)'이라고 표현하는데, 말 그대로 위험을 미리 없애는 조치다.

나는 이처럼 기회와 위기를 알아채는 감수성으로 남이 생각하지 못하는 방법을 떠올릴 때가 많다. 메타 인지와 주어 전환이라는 센서 덕분이다. 이 센서의 유무에 따라 행운과 불운이 갈린다.

정답이라는 쾌락에
의존하지 마라

마지막으로 '모호함을 허용하는 겸허함'에 대해 이야기해보자. 뇌 과학자인 나카노 노부코中野信子는 자신의 저서 『뇌의 어둠脳の闇』에서 '모호함을 허용하는 것이 뇌 과학적으로도 좋다'라고 말하며 '모호함을 허용하는 겸허함이 없으면 뇌가 착각을 저지른다'라고 덧붙였다. 이 구절을 읽으며 무심코 무릎을 탁 쳤다. 모호함을 허용하는 겸허함이라니, 더없이 적합하고 교묘한 표현이 아닌가.

사람은 기본적으로 모호한 상태를 싫어한다. 적어도 불쾌하게 느끼는 것이 보통이다. 당연히 답이 쉽고 명쾌하게 나와야 기분이 산뜻하다. 그런 의미에서 명확한 답만 찾는 태도는 곧 쾌락에 몸을 맡기는 태도라고 말할 수 있다. 게다가 안이하게 도출한 답이 반드시 정답은 아니다. 오히려 현실에는 정답이 없을 때가 많다. 역설적으로 말하자면 그런 쾌락에 의지하지 않고 어려운 문제의 답을 겸허하게 궁리하며 병목에서 빠져나오려고 진지하게 애쓰는 자세 자체에 답이 있다.

예를 들어 앞 장에서 언급한 시간 테스트를 생각해보자. 시간 테스트란, 답이라는 쾌락을 추구하지 않고 모호함이라는 기분 나쁜 상태를 견디며 겸허한 마음으로 시간이 지나가길 기다리는 행위다. 이렇게 모호함을 허용하는 태도가 좋은 운을 부른다.

학교 공부만 잘하는 아이들은 불변하는 정답이 있다고 교육받은 탓에 정해진 답에 의문을 제기하지 않으며 항상 '정답과 오답'을 찾는다. 따라서 '이래야 한다', '이렇게 돼야 한다'라는 과거의 정답에 얽매여 쓸데없는 에너지를 소모한 나머지 정신이 피폐해진다. 결국 잘못된 길을 선택해 운이 나빠지게 한 끝에 승부에 지고 만다.

나는 정답에 전혀 신경 쓰지 않는다. 현실의 정답이란 시대나 상황에 따라 얼마든지 바뀔 수 있기 때문이다. 독재정치나 공산주의도 항상 백이냐 흑이냐 하는 '답'을 요구한다. 즉 극단적인 답이 주는 쾌락에 의존하는 것이다. 그래서 흑도 백도 아니면서 현실적으로 가장 많이 접하게 되는 '회색'의 모호함을 절대 허용하지 않는다. 그러면 결국 운이 나빠진다. 얼핏 모호해 보이는 민주주의가 오히려 최선이라 할 수 있다. 최선은 아니라도 최소한 차선은 될 테니 말이다.

● 5장 포인트 ●

✔ 주어 전환이란 상대의 처지에 서서 생각하고 행동하는 태도다.

✔ 경영자가 자아와 욕심을 버려야 좋은 인재와 고객의 지지를 얻을 수 있다.

✔ 고객 최우선주의로 철저하게 구매자 입장에서 생각한다.

✔ 정답이라는 쾌락에 의존하지 않는다. 문제에 진지하게 맞서는 태도 자체에 답이 있다.

비기 3

가설은
반드시 틀린다

지금까지 개별 운을 개선하는 실천 방법과 악운을 피하는 방법을 다양한 각도에서 살펴보았다. 다음 장에서는 개별 운이 아닌 집단 운을 논하며 우리의 독특한 사상과 방법을 활용한 기업 운용론, 경영론을 소개할 것이다.

'들어가며'에서도 말했다시피 개별 운이 좋아지지 않으면 집단 운도 좋아지지 않는다. 그러므로 지금까지 나온 내용을 종합하며 '개별 운을 개선하는 전제 조건'을 설명하겠다. 그 전제 조건이란 '가설은 반드시 틀린다'라고 생각하는 것이다. 이게 무슨 뜻일까?

열정은 단순한 '감정'이
절대 아니다

───────

'지금까지 주장해온 내용과 반대되는데?'라고 의아하게 생각할지도 모르겠다. 앞에서 '독자적 가설을 세운 뒤 실패를 두려워하지 않고 과감하게 실행하는 도전적 자세가 운을 끌어당긴다'라고 재차 강조했기 때문이다. 2장에 나온 '재도전은 만 냥', 3장에 나온 '속공견수', '단행숙려'라는 말도 같은 방향을 가리킨다.

그러나 1장과 5장에서 '가설과 검증은 한 묶음이 되어야 한다'라며 가설과 검증의 중요성을 지적하기도 했다. 현실에는 가설이라는 '주관'에 치우친 탓에 검증이라는 '객관'을 소홀히 여겨서 실패하는 사람이 많다. 이들은 처음의 가설을 너무 깊이 생각한 나머지 불합리한 사실을 일부러 외면하기도 하고, 불합리성을 깨닫지 못하고 덤벼들었다가 재기할 수 없을 만큼 큰 실패를 겪기도 한다. 그런 경영자와 창업자를 한두 명 본 게 아니다.

가설은 어디까지나 가설이므로 실행해봐야 맞았는지 틀렸는지 알 수 있다. 틀렸다면 겸허하게 사실을 직시하고 변화에 유연하게 대응해 가설을 수정해야 한다. 이 과정을 반복해 가설의 정확도를 높이면 운이 좋아진다. 단, 그러려면 '가설은 반드시 틀린다'라는 생각으로 이 과정에 임해야 한다. 5장에서 언급한 '새의 눈, 곤충의 눈'이라는 다면적 사고도 여기서 시작된다.

확실히 가설을 세우고 실행하려면 열정이 필요한데 거기에 쓸데없는 감정을 개입시키면 안 된다. '열정'과 단순한 '감정'은 비슷해 보이지만 다르다. 거듭 말하지만 성공하려면 가설이 꼭 필요하다. 그러나 가설은 반드시 틀린다는 전제도 잊지 말아야 한다. 여기에서 운 좋은 사람과 운 나쁜 사람이 나뉠 것이다.

사후 수습이 아닌
사전 수습

'가설은 반드시 틀린다'라는 전제를 응용한 방법이 5장에서 잠시 언급한 '사전 수습'이다. 이것은 훌륭한 위험관리 기법이다. 누구나 사후 수습이 어려워 난감해할 때가 있는데, 사실 그런 종류의 오류는 대부분 사전 수습으로 막을 수 있다. 따라서 사전 수습도 행운을 끌어당기는 비결 중 하나다.

일을 추진한 후 수습하기 곤란한 사태가 벌어진다면 반드시 사전에도 징후가 있었을 텐데 그 신호를 놓치지 않고 미리 제대로 조치했다면 이후 소동이 벌어지지 않았을 것이다. 즉 사전 수습은 최소한의 노력과 위험부담으로 최대의 효과와 성과를 얻는 방법이다. 독자들도 '그 단계에서 눈치채고 제대로 개선했어야 했다'라며 나중에 크게 후회한 경험이 있을 테니 동의할 것이다.

물론 사전 수습은 새로운 점포나 업태를 준비할 때도 큰 도움이 된다. 항상 고객의 마음을 읽고 방향을 정하느냐, 즉 고객 심리에 기초해 사전에 대응하느냐 못하느냐에 따라 개인과 업체의 우열이 정해진다고 해도 과언이 아니다.

사전 수습을 잘하는 사람은 다면적 업무의 잠재적 위험에 대한 감수성이 풍부하다. 이런 사람은 단순한 겁쟁이나 걱정이 많은 사람과는 다르다. 이들은 표면에 드러나지 않고 눈에 보이지 않는 것, 다시 말해 사물의 본질을 더 예민하게 인식하고 이해할 뿐이다.

사전 수습과
변화 대응의 관계

그런데 사전 수습과 변화 대응 중 어떤 것이 더 중요할까? 비가 내릴 것 같아 우산을 미리 준비하는 것이 사전 수습이고, 비가 오자마자 지붕 아래로 들어가 다음 대책을 궁리하고 실천하는 것이 변화 대응이다. 변화 대응은 기본적으로 100% 정확한 사전 예측이 불가능하다는 전제 아래, 일이 벌어지자마자 유연하고도 신속하게 대응하는 방법을 가리킨다. 정확도가 높고 공격적인 면이 강한 방법이다.

한편 사전 수습은 문제가 표면화되기 전에 조치하거나 대책을 마련하는 수비적 방법이다. '견고한 수비에 강한 공격이 깃든다'라는 것이 오래된 내 지론이다. 다시 말해 사전 수습과 변화 대응 둘 다 중요하다고 생각한다. 따라서 사전 수습의 수비력과 변화 대응의 공격력을 모두 갖춘 사람은 연이어 성공을 거두어 무적이 되면서 뜻밖의 행운을 끌어당길 것이다.

6장

눈덩이처럼 불어나는 '집단 운'

경영자와 사업가는 장기적 집단 운을 확보해 중·장기에 걸쳐 계속 승리하는 조직을 만들어야 한다. 그러면 설사 단기적으로 실패하더라도 그 실패를 검증·분석하고 보강해 다음번에 과감한 공세를 취할 수 있다.

디플레이션을 이기는
단독 인플레이션

1989년 도쿄 후추시에 돈키호테 1호점을 열었다. 이후 돈키호테, 현재의 PPIH는 최고의 실적을 기록하며 놀랄 만한 속도로 질주해왔다. 창업 후 34년째 연속 매출과 이익 증가를 실현했고(2023년 6월 기준) 35기에도 연속 매출과 이익 증가가 확실시되고 있다.

성장세가 대단해서 최근 30년간 매출은 2,000배, 영업이익은 무려 2만 6,000배[1990년: 400만 엔(약 3,701만 원) → 2023년: 1,052억 엔(약 9,733억 원)] 늘었다. 또 이번 회계연도(2024년 6월 기준)에는 매출이 2조 엔을 돌파할 것으로 보인다.

그동안 일본은 '잃어버린 30년'이라고 불리는, 세계경제사적으로도 중요한 전대미문의 디플레이션을 경험했다. 그러나 PPIH만은 그런 불황을 역으로 이용하듯 종합 소매업체 중 유일하게 '인플레이션'을 구가하며 독주를 펼쳤다.

우리 회사는 일본의 거품경제가 절정을 이루었던 1989년 이후 주가가 78배로 뛰는 기염을 토했다. 주가가 크게 상승한 주요 기업 랭킹에서 패스트리테일링Fast Retailing의 뒤를 이어 5위를 차지했다. 참고로 다음 주가 상승 기업 중에는 4장에서 실적이 높다고 말한 '창업 경영자가 이끄는 기업'이 압도적으로 많았다.

1989년 연말 이후 주가가 크게 상승한 주요 기업

1. 젠쇼 홀딩스Zensho Holdings — 236배
2. 레이저테크Lasertec — 171배
3. LY 주식회사LINEヤフ ┃ 株式会社 — 116배
4. 패스트리테일링 — 112배
5. 팬퍼시픽 인터내셔널 홀딩스 — 78배
6. 니토리 홀딩스Nitori Holdings — 76배

7. 사이버에이전트CyberAgent — 59배

8. 키엔스Keyence — 58배

9. 하모닉 드라이브 시스템스Harmonic Drive Systems — 57배

10. 디스코Disco — 53배

자료: 《일본 경제 신문》, 2024년 2월 23일[출처는 킥(QUICK). 대상은 도쿄 프로 마켓(TOKYO PRO Market)을 제외하고 일본 주식시장에 상장된 기업. 1990년 이후에 상장한 기업의 경우 상장한 해의 연말 주가를 기준으로 삼음. 주가에는 장외시장 거래분이 포함됨. 2024년 2월 21일 기준].

이런 '단독 인플레이션'의 배경에는 과연 무엇이 있을까? 사실 우리 회사는 숫자상으로는 계속 우상향했지만 내부적으로는 위기가 끊이지 않았다. 창업자인 내가 직접 겪었으니 하는 말인데, 지금까지 34년 동안 우리 회사는 롤러코스터처럼 급상승과 급강하를 반복했다. 주민 반대 운동 등으로 존폐 위기에 몰린 적도 한두 번이 아니다. 그래도 우리 회사는 도전을 멈추지 않았다. 2000년 이후에는 다양한 업태에 도전해 도시형 편의점 정열 공간을 개점했고 나가사키야와 도이트DOIT(홈센터)를 인수했으며 해외 진출을 본격화했다.

즉 우리 회사는 상당히 위험한 게임을 34년간 계속해왔

다. 기업 경영을 가위바위보에 비유하는 건 무리일지 모르겠는데, 어쨌든 가위바위보에서 34번 연속으로 이기는 사람은 없겠지만 우리 회사는 34회 연속 승리를 거두며 번영을 누린 것이다. 과연 이러한 성공의 본질은 무엇일까?

솔직히 말해 나도 잘 모른다. 다만 나에게는 일종의 확신 같은 것이 있다. 우리 회사는 집단 운이 좋다는 것이다. 물론 이 운은 하늘이 이유 없이 내려준 것이 아니라 우리 스스로 얻어 낸 것이라고 자부한다. 참고로 집단 운이라는 말이 생소할 텐데, 사전에 나오지 않는 말이라 따로 설명이 필요할 것 같다. 내가 운에 대해 골똘히 생각하다가 만든 신조어이기 때문이다. 돈키호테의 사례와 함께 더 자세히 설명하겠다.

경영자의 운을
조직의 운으로 확장하라

창업 당시에는 아무것도 없었던 돈키호테가 어떻게 여기까지 올라올 수 있었을까? 그때 돈키호테에는 이렇다 할 특허나 다른 회사에는 없는 독특한 상품, 학력이 높거나 기술이 뛰어난 인재가 전혀 없었다. 특별히 가진 것도 없었고 후발 중의 후발 주자였는데도 그동안 다른 유통 소매업체를 꾸준히 능가하고 결국 압도적인 차이를 벌릴 수 있었던 것은 집단 운을 관성바퀴처럼 굴린 덕분이다.

'관성바퀴'란 차의 굴대에 붙이는 무거운 바퀴를 말하는데, 관성을 이용해 굴대의 회전속도를 평균화하고 회전 에너지를 유지하는 역할을 한다. 그래서 뒤에서 밀다 보면 바퀴의 회전속도가 조금씩 빨라지고 어느 순간 가속도가 붙어 수레가 저절로 쭉쭉 나가는 것이다.

도둑 시장과 돈키호테는 나 한 사람의 도전으로 시작되었다. 그리고 나는 이 책 전반에서 설명한 개별 운을 연마해 사업을 크게 성장시켰다. 그러나 사업이 번창하고 규모가 커질수록 내 운으로 회사 전체를 이끌기 어려워졌다. 내 개별 운을 전 직원에게 전달해야 했다. 경영자가 아무리 열정을 불태우며 공격과 도전에 힘써도 직원들이 따라오지 않으면 조직은 금세 성장의 한계에 직면한다. 내 열정으로 직원들의 마음을 바꿔 다 함께 자발적으로 일에 몰두하게 유도해야 조직의 운이 관성바퀴처럼 돌아간다. 이것이 바로 앞서 말한 '열정의 소용돌이에 끌어들이는 힘'이다.

다행히 이 힘을 활용해 내 운을 직원의 운으로 바꿀 수 있었다. 그렇게 개별 운이 집단 운으로 바뀌자 화학반응이 일어나 폭발적인 상승기류가 형성되었다. 맨주먹으로 2조 엔 기업을 일구는 것은 나 혼자의 운과 능력으로는 절대 할 수 없는 일이다. 물론 개별 운도 조금은 도움이 되었지만 집단 운을 중시한 덕분에 지금의 PPIH가 있는 셈이다.

집단 운이 무엇인지 좀 더 쉽게 설명해보자. 집단 운이 작용하는 전형적인 예가 야구 등 팀 스포츠일 것이다. 여름마다 고시엔甲子園에서 열리는 고등학교 야구 대회를 보면 실력은 평범한데도 얼떨결에 지구 대회에서 우승하고 고시엔 출전권을 따내는 학교가 종종 등장한다. 흔히 '팀이 행운의 흐름을 탔다'라는 모호한 말로 표현되지만, 나라면 '단기적이기는 하지만 훌륭한 집단 운이 작용한 경우'라고 평가할 것이다.

구체적으로는 누군가의 열정적인 말 한마디가 모두의 마음을 움직이는 등 팀 전원이 "그래, 해보자!", "다 함께 이기는 거야!"라며 기세를 올릴 만한 계기가 있었을 것이다. 그러면 팀의 에너지가 최고조에 이르러 화학반응을 일으키므로 1+1은 2가 아닌 3, 4, 5가 된다. 즉 본래 실력을 훨씬 웃도는 기적의 힘을 발휘하는 것이다. 이것이 집단 운의 정체다.

2023년 3월에 열린 WBC(월드 베이스볼 클래식)에서도 이런 일이 벌어졌다. 일본 국가대표 팀 '사무라이 재팬'이 멋진 경기를 펼치며 14년 만에 세계 1위를 차지한 것이다. 그 당시 각각의 시합에서도 오타니 쇼헤이大谷翔平 선수와 다르빗슈 유ダルビッシュ有 선수 등 세계 야구를 대표하는 초일류 메이저 리거들이 겸허하고도 열정 넘치는 경기를 펼쳤다. 또 미국과 벌인 결승전 직전에 오타니 선수가 팀원들에게 "이제 (그들을) 동경하지 말자", "우리는 (그들을 넘어) 최고가 되려고 오늘 여기에 왔다"라고 말했는데, 이 말이 팀 분위기를 완전히 바꿨다고 한다.

사무라이 재팬의 경기를 보면서 오타니 선수와 다르빗슈 유 선수의 강력한 개별 운이 팀 전체의 집단 운으로 바뀌었음을 확인할 수 있었다. 앞서 말한 '열정의 소용돌이에 끌어들이는 힘'이 토네이도 효과를 일으켜 일본을 세계 챔피언 자리에 올려놓은 것이다.

다만 이것은 시합에서만 단기적으로 발휘되는 집단 운이다. 경영자와 사업가는 장기적 집단 운을 확보해 중·장기에 걸쳐 계속 승리하는 조직을 만들어야 한다. 그러면 설사 단기적으로 실패하더라도 그 실패를 검증·분석하고 보강해 다음번에 과감한 공세를 취할 수 있다.

집단 운을 끌어당기는
권한 이양

여기서부터 제일 중요한 내용을 다루려 하니 잘 읽어보길 바란다. 우리 회사는 어떻게 집단 운을 끌어당길 수 있었을까? 수수께끼의 열쇠는 현장으로 권한을 철저히 넘긴 '권한 이양'에 있다. 권한 이양은 일반적으로 상사의 권한을 부하에게 부분적으로 맡기는 것으로, 부하가 자발적으로 일하도록 하는 관리 기법이다. 그러나 나의 경우 권한 이양이 결코 쉽지 않았다. 권한의 일부가 아닌 전부를 넘겼기 때문이다.

나는 왜 이런 권한 이양을 선택했을까? 돈키호테 창업 시절을 되짚으며 그 경위와 배경을 간단히 설명하겠다. 내가 도둑 시장에서 배운 최대 교훈은 주어 전환을 통해 고객 관점에서 흥미로운 매장을 만들어야 한다는 것, 호기심을 끄는 상품 구성이 필요하다는 것이었다. 돈키호테의 명물인 압축 진열과 POP 홍수도 그 과정에서 탄생했다. 이것은 일반 소매업체와는 전혀 다른, 비상식적이고 복잡하며 괴상한 기법이었다.

돈키호테에서도 이 노하우를 활용하려 했지만 번번이 실패했다. 내가 지향하는 독특한 방식이 유통 상식과 너무 멀어 직원들이 이해하지 못했기 때문이다. 직원들에게 "세상에 없는 독특한 매장을 열려고 하니 여러분도 함께 힘써주세요!"라고 말하면 모두 "네!"라고 힘차게 대답했지만, 막상 일을 시작하면 아무도 내 생각대로 움직여주지 않았다.

당연하다. 지금도 그렇겠지만, 당시 소매점에서는 '보기 편하고 집기 편하고 사기 편한' 매장을 꾸미는 것이 상식이었기 때문이다. 비상식적인 일을 지시받은 직원들은 영문을 몰라 혼란에 빠졌을 것이다.

'대체 어떻게 해야 직원들에게 내 생각을 전달할 수 있을까?'

나는 언제나처럼 몸부림치며 고민했다. 당시 돈키호테에는 창업자의 뜻을 실천하는 유능한 사원이 없었다. 내가 간절하고 정중하게 부탁하거나 가르치지 않으면 아무도 움직이지 않았다. 게다가 아무리 가르쳐도 직원들은 내 뜻을 제대로 구현하지 못했다. '이제 틀렸다, 그만두자'라고 절망에 빠진 적도 많았다. 업체를 매각하라는 이야기에 마음이 흔들리기도 했지만 끝까지 견뎠다. 그리고 깊이 고민한 끝에 가르쳐도 안 되는 것은 가르치는 행위 자체가 무의미하다는 결론을 내렸다.

그래서 '이 방법으로도 안 되면 단호히 포기하자'라고 마음먹고 '가르치는 것'과 정반대 노선으로 방향을 틀었다. '스스로 일하게 하는 것'이다. 나는 일의 일부가 아닌 전체를 넘겨버렸다. 직원마다 담당 구역을 정해주고 매입부터 진열, 가격 설정, 판매까지 마음대로 하라고 맡긴 것이다. 심지어 담당자 전원에게 전용 예금통장을 개설해주고 돈 관리를 맡길 정도였다. 이것이 나중에 돈키호테의 최대 성공 요인이 될 '권한 이양'의 시작이었다.

나 개인에게나 돈키호테에나 이때부터 대운이 시작되었고 '행운의 최대화'가 뒤따랐다. 어떻게 된 일일까? 다시 한번 순서대로 짚어보자.

돈키호테 초기에는 압축 진열과 POP 홍수 등 매장 구성은 물론 상품 매입까지 전부 나 혼자 해결할 수 있었다. 그러나 점포가 번창할수록 혼자서는 일을 감당할 수 없게 되었다. 하물며 다점포화를 지향하려면 더더욱 다른 사람의 도움이 필요했다.

그런데 직원들에게 압축 진열을 설명해도 전혀 이해하지 못했다. 나는 막다른 골목에 갇힌 듯 숨이 막혔다. 혼자서는 도저히 감당할 수 없는데 주변에 부탁할 사람조차 없는 지독한 불운에 빠진 것 같았다. 그때 '불운의 최소화'를 떠올렸고, 설불리 발버둥 치기보다 힘을 빼고 위기가 지나갈 때까지 기다리기로 했다. 그래서 현장 직원에게 권한을 넘겨버렸다.

그 결과 뜻밖의 일이 벌어졌다. 권한을 넘겨받은 직원들이 스스로 생각하고 판단하며 행동하기 시작한 것이다. 그들은 근면하고 맹렬한 일꾼으로 변해 어느새 압축 진열과 돈키호테 고유의 매입 기술을 터득했다. 결국 내가 구축한 노하우를 직원들이 확대재생산해 돈키호테를 급속히 다점포화하기에 이르렀다. '행운의 최대화'가 일어난 것이다.

권한 이양은 돈키호테에 획기적 전환을 가져다주었다. 천동설에서 지동설로 가치관이 완전히 바뀌는 듯한 큰 변화가 대운을 끌어당긴 것이다. 권한 이양은 『원류』에도 나오는 이념으로 지금 우리 회사의 기본 정책이 되었다. 그러나 이 정책을 실현하기까지 엄청난 고뇌와 불안을 겪었다. 현장에 전부 맡기겠다고 말하면서도 속으로는 계속 전전긍긍한 것이다. 솔직히 말해 '정말 이 녀석들에게 맡겨도 괜찮을까? 엄청난 일이 벌어지지 않을까?'라고 두려워했다. 나와 직원들은 지식도 경험치도 전혀 달랐다. 그 무렵의 나는 절대적인 에이스 투수였고 4번 타자였으며 감독이기까지 했다. 지금의 오타니 쇼헤이 선수보다 더한 존재였다.

그 능력을 일부러 무력화하고 크게 차이 나는 직원들에게 사업을 맡긴다고 생각하니 점점 더 두려워 잠을 이룰 수 없었다. 그러나 권한을 넘겨 내가 없어도 돌아가는 확장성 있는 점포를 만들지 못하면 미래가 어두워질 게 뻔했다. 그런 양자택일에 쫓기며 최종적으로 확장성을 선택했고 직원들에게 권한을 넘겼다. 최악의 사태를 각오하고 모든 업무를 완전히 맡겨버렸으니 그야말로 죽기를 각오한 선택이었다. 다만 '맡기긴 했지만 역시 이 사람들에겐 무리일지도 모른다'라고 체념하는 마음이 절반이었다.

하지만 머지않아 내가 얼마나 오만했는지 알게 됐다. 막상 맡겼더니 매장이 더 잘 돌아간 것이다. 물론 직원들은 나와 똑같이 일하지 않았지만 오히려 내가 못했던 일을 해냈다. 직원들은 각자 개성과 특기를 활용해 장사 수완을 발휘했다. 그때 '바로 이거였구나!'라고 깨달았다. 개별 운과는 다른 집단 운이 우리에게 찾아왔다는 사실을 실감할 수 있었다. 그리고 이후에는 자신 있게 '집단 운 경영'에 전념했다. 7장에서 설명하겠지만, 나중에 이 흐름은 집단 운 조직에 꼭 필요한 '다양성 중시 경영'으로 이어진다.

확장성의 함정에
빠지지 마라

돈키호테의 확장성을 확보하는 데 또 하나의 문제가 있었다. 독자 여러분도 잘 알다시피 돈키호테는 독보적 캐릭터가 특징인 개성 있는 상점이다. 그 캐릭터가 진입 장벽이 되어 지금도 우리 회사의 유일성을 지켜주고 있다.

그러나 그 상태를 유지하는 것은 점포마다 엄청난 품을 들여야 하는 까다로운 일이다. 돈키호테는 원래 '독특하지만 본질적으로 확장성이 낮은 업태'인 셈이다. 당시에는 두 선택지 사이에서 심각하게 고민했다. '매장을 (누구나 운영할 수 있는) 쉬운 형태로 바꾸어 확장성을 확보하느냐' 혹은 '개별 매장의 경쟁력을 높이고 점포 직원에게 운영을 전적으로 맡겨 독자성을 유지하느냐' 하는 것이었다.

고민을 거듭한 결과 후자를 선택했다. 그리고 이 결정에 따른 권한 이양은 그야말로 '신의 한 수'가 되어 이후 나와 회사에 큰 행운, 바로 집단 운을 가져다주었다. 덕분에 돈키호테는 입점 대기 고객과 자동차 행렬이 끊이지 않는 인기 높은 상점이 되었다. 고객의 눈에 돈키호테만큼 개성 있고 재미있는 가게가 없기 때문이다.

다만 매장을 재미있게 유지하려 할수록 현장의 부담은 계속 늘어났고, 그에 반비례하듯 확장성은 점점 떨어져 5~6개 점포를 유지하는 것이 고작이었다. 모처럼 집단 운이라는 성공 공식을 확보한 참이라 애간장이 탔다. '복잡계 그 자체인 돈키호테 매장을 어느 정도 쉽게 바꿔 다점포를 지향하는 수밖에 없는 걸까?'라는 생각도 했다. 그러나 확장성을 중시해 매장을 쉽게 바꾼다면 경쟁력이 약해져 적에게 금세 따라잡힐 듯했다. 주어 전환으로 관점을 바꿔보면 자명한 결과였다. 결국은 확장성이나 경쟁력 중 하나를 선택해야 했다. 그런데 이때 이런 생각이 떠올랐다.

'애초에 경쟁력이 있어야 확장성을 노릴 수 있는 게 아닐까?'

전에는 왜 그렇게 간단한 사실을 깨닫지 못했을까? 결국에는 돈키호테의 인기와 고객의 지지, 즉 경쟁력을 선택했다. 경쟁력을 철저히 추구하면서도 다점포화할 수 있는 방법을 찾기로 한 것이다.

일반적인 소매업체였다면 단순히 확장성을 선택했을 것

이다. 하지만 그러면 운이 확실히 나빠진다. 경쟁력이라는 최고의 운 요소를 희생했기 때문이다. 여러분도 이런 사례를 종종 볼 것이다. 지역의 유명 요리사가 운영하는 인기 식당이 확장성을 우선해 다점포화를 시도한 결과 맛과 서비스가 나빠져 진부한 체인점으로 전락하는 사례 말이다. 이것이 확장성의 함정인데, 돈키호테는 다행히 그 함정을 아슬아슬하게 피할 수 있었다.

다행히 함정은 피했지만 다음 단계인 독보적 캐릭터의 경쟁력을 확장성으로 연결하는 것이 문제였다. 결론부터 말하자면 이 문제의 해결책은 한마디로 '현장의 신속하고도 유연한 변화 대응력'이었다. 사실 이것도 나중에 갖다 붙인 결과론에 불과하지만 말이다.

변화 대응이란 유통 격변 시대의 만능열쇠 같은 말로, 거의 언제나 긍정적인 의미로 쓰인다(가령 '유통업은 변화 대응업이어야 한다'라는 식으로). 또 변화 대응은 우리 회사의 근원적 DNA이자 원칙이다. 돈키호테에서는 '변화가 일상'이므로 모든 임직원이 정답이 없는 상태에서 끝없이 노력해야 한다. 항상 눈앞의 문제를 명확히 인식하고 변화에 유연하게 대응하지 못한다면 이 격변의 현장에서 한 걸음도 나아갈 수 없을 것이다.

다만 현장에 권한을 모두 맡기는 변화 대응 방식은 그 당시 경영 상식으로 보면 경영권을 포기하는 행위처럼 보였을 것이다. 나는 '그래도 괜찮다'라고 각오를 다졌다. 물론 한동안 전전긍긍하며 망설이곤 했지만 결국 '에라, 모르겠다'라며 경영권을 현장에 과감히 넘긴 것이다. 이에 따른 '주권의 현장 이양', 즉 '개인 상점주 시스템'의 실현으로 '경쟁력'과 '확장성'이라는 병립할 수 없는 두 특성을 확보했다. '오어 or가 아닌 앤드 and'가 실현된 것이다. 그리고 이 결정이 집단 운 조직의 기초가 되었다.

사업에서는 '둘 중 하나를 선택하자'라는 오어 발상보다 '이것도 잡고 저것도 잡자'라는 앤드 발상을 활용해야 성공할 수 있다. 여러 조미료를 섞으면 맛에 깊이가 생기므로 요리사는 앤드를 당연시한다. 경영도 똑같지 않을까? 실제로 실행하기는 어렵지만 앤드 발상이 성공을 앞당기는 것은 분명하다.

나를 버려 대의를 이루다

나와 비슷한 상황에서 다른 경영자들은 대개 확장성을 우선한다. 경영권 이양을 고려하는 사람은 아마 하나도 없을 것이다. 너무 적나라해서 조금 민망하지만, 적어도 미상장 중소기업 경영자에게 경영권이란 '내 돈', '내 보람'과 같은 뜻이다. 그러니 경영권을 포기한다는 선택지는 애초에 떠올리지도 않는 게 자연스럽다.

그러나 당시 돈키호테는 내가 경영권을 포기해야 다점포화할 수 있었다. 지금은 권한 이양과 개별 점포 경영이 돈키호테의 당연한 특징으로 여겨지지만, 당시 나는 그야말로 '나를 버려 대의를 이루자'라는 심정이었다. 고백하자면 그렇게 결심하기까지 2년 정도 병목에서 발버둥 쳤다. 고민하고 갈등하며 나름대로 비장한 결정을 계속 내려야 했다.

거듭 말하지만 경영자는 대개 그런 선택을 하지 않는다. 업태를 간소화하고 매장을 다른 상점과 동질화해 다점포화에 나서거나, 그게 아니라면 확장을 아예 포기하고 '나만 운영할 수 있는 매장'을 2~3개 유지하는 것으로 만족할 것이다.

하지만 나는 양자택일을 거부하고, 조금 멋지게 말해 아무도 경험하지 못한 혼자만의 유통 혁명을 지향했다. 그 결과 '내 운(개별 운)'이 '우리의 운(집단 운)'으로 변해 엄청나게 거대한 행운을 불렀다. 보잘것없는 나 자신을 포기한 덕분에 연 매출 2조 엔 규모의 국제 유통 기업이라는 큰 결실을 얻은 것이다. 그런 의미에서 나 '혼자만의 유통 혁명'이 '업계를 뒤흔드는 유통 혁명'으로 발전했다고 할 수 있다.

돈키호테식 권한 이양과 개별 점포 경영 정책은 나중에 종합 슈퍼 등 다른 업태에도 응용할 수 있었다. 우리 회사는 2019년 1월에 종합 슈퍼마켓 회사인 '유니ユニー'를 인수했다. 유니는 1912년부터 '아피타APiTA'와 '피아고PIAGO' 등 슈퍼마켓 체인을 전개했던 회사다. 이 회사는 1990년대, 2000년대에 걸쳐 중부지방에 집중적으로 진출해 수익을 착실히 늘렸으나 '이온AEON', '세븐 & 아이홀딩스Seven & I Holdings' 등 다양한 전문점 체인과의 격심한 경쟁에서 점점 밀린 끝에 2017년 2월에는 최종 손익이 565억 엔(약 5,227억 원) 적자로 기록될 만큼 궁지에 몰렸다.

그러나 유니는 돈키호테에 합병된 이후 멋지게 부활했다. 2023년 7월부터 동년 12월까지의 영업이익이 192억 엔(약 1,776억 원), 영업이익률이 8.1%로, 다른 종합 슈퍼가 모두 실적이 나빠진 가운데 혼자만 큰 이익을 낸 것이다.

유니의 성공 비결 역시 권한 이양과 개별 점포 경영에 있다. 우리는 일단 유니의 기존 매장을 20구역 이상으로 세분화하고 담당 직원이나 아르바이트 직원에게 상품 조달에서부터 상품 배치, 가격 설정, 재고관리에 이르는 모든 업무를 맡겼다. 그러자 직원들이 '어떻게 하면 목표 매출 이익률을 달성할 수 있을까?', '어떤 판촉 정책을 써야 고객이 모일까?'라고 절실히 고민하며 놀라운 열의를 발휘했다. 이런 변화가 선순환을 일으켜 현재의 성공을 낳은 것이다.

'우리의 성공'을 추구하라

'질투의 무서움을 모르면 악운을 부른다'라고 4장에서 이야기했는데, 질투라는 감정에는 실제로 엄청난 에너지가 깃들어 있다. 그래서 4장에서는 그런 강력한 감정의 먹이가 되지 말라고 조언했지만, 여기서는 때에 따라 이 감정을 다르게 이용할 수도 있다고 말하고 싶다. 권한 이양이 이루어진 후에는 인간의 원초적인 질투나 분노를 부정하기보다 오히려 적극 유도해 긍정적으로 활용할 수 있는 것이다.

이렇게 말하면 '대결 의식을 부채질했다가 직원들이 서로 발목을 잡아 조직이 삐걱거리면 어떻게 하느냐'라고 반론을 제기할 수도 있다. 그러나 PPIH에는 발목 잡기를 막는 장치가 잘 갖춰져 있다. 우리 회사의 권한 이양은 본질적으로 '좁고 깊게' 이루어진다. 즉 각각의 사원이 서로 다른 상품을 취급하면서 그 상품 영역의 점주로 대우받으므로 옆 직원을 방해하더라도 자기 매출이 오르지 않는 것이다. 그래서 어떻게 해야 상품이 팔릴지 스스로 생각하는 수밖에 없다. 반대로 권한 이양의 범위가 '넓고 얕으면' 상품이 겹쳐 서로를 방해하게 된다.

일반적인 상점가를 떠올려보자. 건어물점, 문방구, 정육점, 채소 가게 등 다양한 가게가 늘어서 있지만 상품이 겹치지 않는다. 그래서 다른 가게의 영업을 방해한다고 해도 자기 가게의 손님이 늘어나지 않는다. 오히려 모두 열심히 장사해 각자 번창해야 상점가 전체에 활기가 돌아 손님도 많아지는 선순환이 일어난다. 돈키호테 매장도 똑같다. '좁고 깊은' 권한 이양의 장점이 바로 여기에서 비롯되었다.

경영자 대부분에게 '경영권 포기'란 절대 불가능한 선택이다. 특히 중소기업 경영자는 맨주먹으로 회사를 세워 필사적으로 키웠을 것이다. 자기를 포기하고 권한을 이양하고 나면 이전과 전혀 다른 방향으로 에너지를 써야 할 텐데 같은 인물로서는 상당히 쉽지 않은 변화다.

그러나 경영자의 자아가 강하면 개인의 운도, 조직의 운도 좋아지지 않는다. 자기만을 내세우며 자신의 성공만 좇으면 어떤 직원도 협력하지 않는다. '왜 내가 저 사람의 돈벌이를 도와야 하지?'라는 마음일 것이다. 특히 우리가 종사하는 소매업계는 일이 힘든 편이니 사장의 돈벌이를 위해 몸 바쳐 일할 사람이 과연 있을까?

여러 사람이 모인 회사에서는 '나(경영자)의 성공과 행복'이라는 단수형을 '우리(직원)의 성공과 행복'이라는 복수형으로 바꾸어야 좋은 운을 끌어당길 수 있다. 이것도 5장에서 설명한 주어 전환과 일맥상통한다. "경영자의 성공을 우선하는 회사와 경영자가 단호하게 자신을 억제하는 회사 중 어느 쪽이 직원 만족도가 높을까?"라고 물어보면 답은 당연히 후자일 것이다. 경영자가 자신의 자아를 억제하지 않으면 조직의 운은 좋아지지 않는다. 특히 중소기업이 대기업으로 성장하기는 거의 불가능하다.

잘난 체하며 말했지만 나도 20~30대 젊은 시절에는 자아를 억제하지 못했다. 항상 '내가, 내가'라고 외치며 나만 생각했다. 그 탓에 직원들과 신뢰 관계를 쌓지 못해 몇 번이나 배신당했다. 도둑 시장 시절에는 직원들이 부정을 많이 저질렀다. 돈도 없어지고 상품도 없어졌다. 도둑 시장이 도둑맞은 것이다. 영수증과 금전등록기 합계 금액이 전혀 맞지 않는 것을 알면서도 직원을 더 해고하면 일할 사람이 없어 어쩔 수 없이 계속 고용하기도 했다. 도매업체인 리더를 운영할 때는 어느 날 정신을 차려보니 영업 사원이 하나도 남아 있지 않았다. 다 같이 고객 리스트를 챙겨 새로운 회사를 세운 것이다. 경리 직원만 남은 썰렁한 사무실에서 망연자실했던 기억이 생생하다.

어쨌든 나는 젊은 시절에 이런 식의 불운을 많이 겪었다. 어쩌다 흐름을 타도 개별 운에 그치고 집단 운까지 이어지지 못했다. 매일 '이따위 일은 빨리 그만두고 싶다'라고 생각했다. 마침 부동산 거품이 한창이었던 시절이라 '지금이라도 부동산 투자 쪽으로 옮길까'라고 망설이기도 했다.

그러나 다행히 나이를 먹을수록 자아가 약해졌다. 스스로 분석한 결과 내가 인간으로서, 또 경영자로서 눈에 띄게 성장한 시기는 50세 이후다. 나 자신에게 얽매이지 않게 된 후로 바람의 방향이 바뀐 것이다. 단순히 급성장하던 우리 회사가 집단 운을 발휘해 중·장기적 성장을 시작한 때도 역시 그 무렵이었다. 나는 보잘것없는 자아를 버리고 연간 매출 2조 엔 규모의 국제 유통 기업이라는 엄청난 결실을 거두었다. '내 성공'이 아닌 '우리의 성공'을 지향하면서 개별 운을 집단 운으로 바꾼 덕분이다.

집단 운을 놓칠 때
벌어지는 일

___

유감스럽게도 오늘날의 일본은 집단 운을 놓친 듯하다. 거품경제가 붕괴한 후 '잃어버린 30년'을 겪은 일본은 지금도 세계경제에서 혼자 뒤처지는 비참한 실상을 보여준다. 명백히 집단 운이 사라진 탓이라고 생각한다.

젊은 독자들은 상상하기 어렵겠지만 전쟁이 끝난 후 일본의 발전사를 조금만 소개해보자. 1945년 패전 후 일본은 제로가 아닌 마이너스 상태의 폐허에서 경제를 부흥시켰다. 그리고 놀랍게도 불과 약 25년 만에 세계 유수의 경제 대국으로 떠올랐다. 1960년대에는 거의 매년 실질성장률이 10%를 넘었고 도쿄 올림픽은 전쟁 후 부흥과 고도 경제성장의 상징이 되었다.

일본이 이렇게까지 급격히 성장할 수 있었던 이유는 무엇일까? 한마디로 '인구 보너스' 덕분이다. 약 700만 명의 군인이 전쟁이 끝난 후 부모와 가족 곁으로 돌아왔다. 이들은 착실히 자녀를 낳았고 그 자녀들이 사회에 진출한 결과 발생한 것이 인구 보너스다. 생산연령인구가 아동과 고령자보다 많아져 경제성장이 촉진된 것이다.

이 무렵 일본은 밝은 희망으로 가득했다. 적어도 고도 성장기 일본의 근로자는 미래를 솔직하고도 낙관적으로 보았다. 그들은 '열심히 살면 내일은 더 행복해질 것이다'라고 믿으며 놀라운 밀도와 에너지로 각자의 일에 몰두했다. 그 힘이 결과적으로 국가 경제를 끌어올렸다.

'낙관주의'를 운의 3대 조건 중 하나로 꼽았는데, 당시 모두가 '오늘보다 내일, 올해보다 내년은 더 좋아진다'라는 꿈과 희망을 공유했으므로 거대한 집단 운이 찾아왔다. 그리고 일본은 집단 운을 관성바퀴처럼 돌려가며 패전국에서 세계 유수의 경제 대국으로 단숨에 올라섰다.

다른 나라에서도 비슷한 사례를 찾아볼 수 있다. 최근 약 20년간 중국이 보여준 놀라운 경제성장, 글로벌 사우스◆의 발전에도 똑같은 원리가 작용했다. 집단 운은 만국 공통의 구조적, 본질적 성장 요인이라고 할 수 있다.

일본은 왜 경제와 국가 발전의 원동력인 집단 운을 놓쳤을까? 사회가 어느 정도 성숙하기도 했고 '인구 오너스◆'가 발생하기도 했지만 또 다른 이유가 있다.

집단 운의 부작용과 함정이다. 집단 운은 극에 달하면 역회전하며 부정적인 효과를 낸다. 지금 일본이 정확히 그런 상태라고 할 수 있다. 경제 발전이 과하면 부정적 측면이 드러나는 법이다. 에너지자원 및 천연자원의 난개발, 공해, 부의 편재(빈부 격차 확대) 등이 대표적이다. 사람은 이런 문제에 직면하면 이전에 누린 혜택을 잊고 편견에 치우쳐 나쁜 쪽으로만 사고 회로를 돌린다. 심지어 매체가 문제를 크게 부풀리므로 편견이 점점 더 심해진다.

그래서 사회가 점점 비관론으로 기울어진다. 사람들이 '더 비참한 일이 일어날지도 모른다'라며 미래를 어둡게 보는 것이다. 모두가 "이대로 가면 위험한 상황이 벌어질 것이다", "만회할 수 없을지도 모른다"라고 말하며 삐딱하고 비생산적인 말을 퍼뜨린다. 지금 일본은 이런 부정적인 분위기에 휩싸여 있

◆ 남반구나 북반구 저위도에 위치한 아시아, 아프리카, 남아메리카 등 개발도상국을 통칭하는 말.—옮긴이
● 저출산 고령화에 따라 생산연령인구의 부담이 늘어 경제성장이 저해되는 현상.

다. 이래서는 집단 운을 바랄 수 없다.

불황도 돌파하는
집단 운의 법칙

지금 일본에서 일어나는 현상을 보고 솔직히 이렇게 생각했다.

'아니, 잠깐만. 옛날에는 내일이 더 나아질 거라 믿고 힘을 냈고 그래서 성과도 좋았어. 쓸데없는 데 신경 쓰지 않고 그대로 잠자코 열심히 산다면 다시 좋아지지 않을까?'

낙관에서 비관으로 조금이라도 기울어지거나 미래를 의심하기 시작하면 운은 와르르 무너진다. 특히 집단 운은 그런 경향이 강하다. 그래서 나는 PPIH의 집단 운을 계속 유지하기 위해 혼신을 담아 『원류』라는 기업 이념집을 만들었다.

일본이 앞으로 얼마든지 좋아질 수 있다고 믿는다. 현재 일본은 다른 나라에 비해 창업률이 매우 낮은 한편 기업의 통폐합률은 계속 증가하는 등 전체적으로 사회, 경제의 활력이 눈에 띄게 떨어지며 위축되고 있다. 그런데 일본 은행에 따르면 개인의 금융자산 총액이 2,000조 엔(약 1경 8,504조 원)을 돌파했다고 한다. 제로 금리가 장기간 이어졌는데도 막대한 돈이 그저 잠들어 있는 것이다. 이 돈을 어떻게든 활성화해 소비와 투자를 촉진해야 한다.

그러려면 젊은 창업가가 많아져야 한다. 과감하게 도전하는 개인과 단체가 늘어나면 일본이 부강해져 모든 국민이 행복할 수 있다. 물론 창업에는 실패의 위험이 따른다. 성공할 확률은 예나 지금이나 높지 않은 게 사실이다. 다만 성공했을 때 얻게 될 결실은 어마어마하다. 한번 크게 성공하면 행운의 최대화를 통해 이전 실패에서 입은 손실(불운)을 만회할 수 있다. 이 책에서 펼치는 주장을 개인 차원에서든 기업 차원에서든 국가 차원에서든 반드시 실천하길 바란다.

● 6장 포인트 ●

✔ 우리 회사가 연이어 성공을 거둔 것은 집단 운 덕분이다.

✔ 개별 운을 집단 운으로 바꾸려면 경영자가 발휘하는 열정의 소용돌이에 직원들을 끌어들여야 한다.

✔ 집단 운의 관건은 현장으로의 철저한 권한 이양이다.

✔ 내 성공이 아닌 우리의 성공을 지향한다.

비기 4
『원류』는 집단 운을 양성하는 책

돈키호테를 창업한 지 얼마 되지 않아 명확한 기업 이념 정책이 필요하다는 사실을 깨달았다. 그러나 감당할 수 없을 만큼 많은 업무에 쫓기느라 구체적인 구상을 좀처럼 마무리할 수 없었다.

당시 나는 경영자로서 이런저런 위기를 거치며 경험과 식견을 쌓은 데다 상장을 생각할 만큼 어느 정도 각오도 되어 있었다. 또 이 책에서 말한 '운 활용법'을 포함한 나만의 경영 철학도 꽤 정립된 상태였다. 그래서 이것을 말로 바꾸어 우리 회사의 기업 이념집으로 엮어야겠다고 생각했다. 그렇게 4~5년 뒤인 2011년 『원류』의 초판본이 출간되었다.

그사이 나는 국내외에서 일류로 불리는 기업들의 이념집을 빠짐없이 주문해 샅샅이 읽어보았다. 그러나 어떤 것도 마음에 와닿지 않았다. 전부 내려다보는 시선으로 번지르르한 말만 늘어놓은 듯했다.

우리 회사다운 이념집, 기업의 혼이 담긴 이념집을 만들려면 어떻게 해야 할까? 참고할 자료가 없어서 나 혼자 궁리하며 시행착오를 거쳤다. 그러나 너무 어려운 일이라 병목을 오랫동안 통과하지 못했다.

『성공하는 기업들의 8가지 습관』과 『원류』

그렇게 고민하던 중에 짐 콜린스Jim Collins의 세계적 명저 『성공하는 기업들의 8가지 습관』을 만났다. 이 책은 장기적으로 번영하고 기업 가치를 올린 기업의 공통점을 예단이나 주관 없이 자연과학적 기법으로 해석한 독특한 책이다.

한 세대를 풍미한 회사가 대부분 망하는 와중에 극히 소수의 회사는 존속하고 발전한다. 이 책은 그 비결을 '비전vision이 명확하고 직원 대부분이 그 비전에 찬성하므로 각자가 그 비전에 기반해 행동하는 것'이라고 설명했다. 나는 경영서를 거의 읽지 않지만 이 책을 읽고 처음으로 깊은 감명을 받았다.

그래서 이 책을 목표로 삼아 반드시 완성하겠다는 각오로 『원류』를 기획하고 집필했다. 내가 크게 감명받은 이유는 책의 내용이 집단 운과 밀접하게 관련되어 있었기 때문이다. 그래서 당시에 번역 출간되어 있었던 『좋은 기업을 넘어 위대한 기업으로』와 『위대한 기업은 다 어디로 갔을까』까지 총 3권을 되풀이해 읽으면서 연신 무릎을 쳤다.

실제로 『성공하는 기업들의 8가지 습관』에는 집단 운에 대한 키워드와 테마가 여러 번 등장한다. 특히 '관성바퀴', '비해그BHAG(회사의 운명을 건 대담한 목표)', '누구를 버스에 태울까 - 처음에 사람을 선택하고 그 후에 목표를 선택하라'라는 테마는 집단 운을 강화하는 방법을 다룬다고 해도 과언이 아니다. 일본에서 2012년에 번역 출간된 『위대한 기업의 선택』 7장에서는 '운의 이익률'이라는 제목 아래 몇십 페이지에 걸쳐 운에 대한 사례 연구와 고찰을 소개했다.

그리고 보면 이 책의 제목을 '비저너리 컴퍼니Visionary Company◆'가 아닌 '운 컴퍼니UN Company'로 정해도 괜찮았을 듯하다.

이 책을 참고해 엮은 『원류』 역시 집단 운을 운용하는 우리만의 방법을 다룬 비밀 경전이다.

집단 운을 악화하기 쉬운
체인점 우선주의

———

좀 다른 이야기지만 '체인점 우선주의'를 살펴보자. 이는 미국에서 생겨난 유통 소매업 경영 기법으로, 각 점포의 상품 매입이나 구색 설정, 판촉 기획, 인력 채용 등을 본부에서 일괄 담당하고 각 점포는 판매와 운영에 전념하는 형태로 전체적 효율화를 꾀하는 구조다.

말하자면 우리 회사의 '개별 점포 경영'을 통한 '개별 점포 우선주의'와는 반대되는 방식인데, 이것이 기존 일본 유통 대기업들의 승리 전략이었다. 그런데 이 체인점 우선주의가 최근

———

◆ 일본에서는 짐 콜린스의 저서 『성공하는 기업들의 8가지 습관』 『좋은 기업을 넘어 위대한 기업으로』 『위대한 기업은 다 어디로 갔을까』 『위대한 기업의 선택』을 시리즈로 묶어 『비저너리 컴퍼니(ビジョナリーカンパニー)』라는 제목으로 번역 출간했다.―옮긴이

사반세기 사이에 명확한 역회전을 시작했다. 그것을 증명하듯 종합 양판점 업태가 급격히 쇠퇴하고 있다.

상품 부족(수요 과잉) 시대가 끝나고 상품 과잉(공급 과잉) 시대가 시작되어 소비 가치관이 급격히 변화하는데도 유통 회사들이 제대로 대응하지 못한 탓에 이런 사태가 벌어졌다고 말하는 사람이 많다. 한편 나는 이처럼 선발 유통 대기업들이 점점 뒤처지고 우리 회사가 그 자리를 차지하게 된 것은 그들이 일부러 집단 운을 악화하는 방향으로 움직였기 때문이라고 생각한다. 이건 과연 무슨 뜻일까?

체인점은 컨베이어 벨트를 돌리는 공장과 같고, 여기 속한 각 점포는 철저히 동질화한 '판매 기계'와 같다. 이는 성숙화, 다양화한 현대 소비자의 욕구에 들어맞지 않는 방식일 뿐만 아니라 우리 회사처럼 개별 점포를 철저히 우선하는 방식에 비해 현장의 전의, 즉 판매력이 너무 약하다.

고객들은 희한하게 집단 운이 강한 곳으로 저절로 모인다. 매장에서 눈에 보이지 않는 '고객 모으는 광선' 같은 것이 나오는지도 모르겠다. 어쨌든 체인점 우선주의는 이제 집단 운을 악화하는 전형적인 방식이 되었다고 할 수 있다.

7장

열정이 폭발하는 '집단 운 조직' 만들기

회사나 유통 점포를 운영하는 사람의 진짜 능력은 '조직을 움직이는 힘'이다. 이것은 '사람을 움직이는 힘'과 같은 말이다. 단순한 기술이나 근면성, 지능은 결정타가 되지 못한다. 결국 인간 대 인간 관계를 잘 구축하는 능력이 제일 중요하다.

경영자의 한 걸음보다
직원의 반걸음

이번 장은 '집단 운의 실천·응용 편'이니 구체적 사례와 노하우를 소개하며 집단 운의 실태와 본질을 살펴보려 한다. 우선 집단 운을 창출하려면 경영자에게 어떤 자질이 필요한지 생각해 보자.

경영자의 의욕과 능력이 뛰어난데도 회사 실적은 고만고만한 경우가 종종 있다. 그런 회사의 경영자는 하나같이 "우리 회사 직원들은 다 바보야"라며 불평하는데, 나는 그런 소리를 들을 때마다 속이 답답하다. "직원을 쓸 줄 모르는 당신이 제일 바보야"라고 말하고 싶어 입이 근질거린다.

사실 경영자의 한 걸음보다 직원의 반걸음이 회사에 훨씬 중요하다. 경영자가 고군분투할 때보다 직원 각자가 열정적으로 일할 때 회사가 몇 배나 발전한다. 이걸 모르는 사람은 경영자가 될 수 없다. 경영자의 가장 중요한 임무는 각 현장에서 일하는 사람들에게 의욕을 불러일으켜 스스로 열정적으로 돌진하는 '집단 운 조직'을 만드는 것이다.

경영자에게는 자기 혼자 일하는 능력보다 직원과 현장 사람들이 스스로 열정적으로 돌진하는 조직을 만들고, 그 활동에 필요한 연료를 아낌없이 지원하는 능력이 필요하다. 여기서 말하는 연료란 '그때그때 논의하고 검토할 창조적 프로젝트'일 수도 있고, '병목 너머 빛나는 미래를 보여주는 제안'일 수도 있다. 경영자는 항상 이런 것을 제시하는 사람이어야 한다.

그러면 직원들이 '이거 재미있어 보이니까 해보자'라거나 '이건 미래가 기대되니까 제대로 추진해보자'라며 의욕을 보일 것이다. 그런 마음이 모여 스스로 열정적으로 돌진하는 조직이 만들어진다면 그 돌파력이 평범한 조직과 비교할 수 없을 만큼 강력해진다. 따라서 구성원의 본래 수준을 훌쩍 뛰어넘은 성과를 얻을 수 있다. 이것이 집단 운 조직의 본질이자 우리 회사가 발전하는 비결이다.

한마디로 많은 직원이 '다 같이 해보자', '이렇게 하는 거야'라며 에너지를 최고로 끌어올려 점포, 인재, 상품 관련 업무를 한 방향으로 추진하다 보니 어느새 돈키호테가 일본 전역을 제패한 것이다.

인격보다 강한 힘은 없다

유통 소매업 종사자에게 요구되는 최종 능력이 뭐냐고 묻는다면 주저 없이 '인격'이라고 답할 것이다. 부하 직원이나 주변 사람들을 '이 사람을 위해서라면 열심히 일해보고 싶다'라고 생각하게 만드는 사람이 가장 강한 사람이다. 곰곰이 생각해보면 결국 그 힘은 사람의 고유한 매력이나 인간미, 다시 말해 인격에서 나온다.

운 감수성은 거의 '인간 대 인간' 문제로 귀결된다. 따라서 인격도 대부분 인간에 대한 공감 능력으로 이뤄진다. 직원이나 현장 사람들에게 깊이 공감하며 "정말 고마워요. 힘들겠지만 계속 애써주세요"라고 말할 수 있어야 한다. 아무리 능력이 뛰어나고 정확한 지시를 하더라도 직원들을 늘 내려다보는 점장을 따를 사람은 없다. 이것이 유통 소매업 현장의 실상이다. 인격은 강력한 집단 운을 끌어당기는 최대의 키워드다. 특히 경영자에게는 인격이 더더욱 중요하다.

나도 훌륭한 인격자는 못 되고 결점도 많다. 하지만 오히려 나의 부족한 점을 자각한 덕분에 항상 스스로를 경계하고 정진할 수 있다. 경영자의 인격이 집단 운으로 이어져 경영을 크게 좌우한다는 사실을 알기 때문이다. 특히 돈키호테를 상장한 후에는 의식적으로 그렇게 살려고 노력하는 중이다.

1996년 주식 상장 직전에 선택해 『원류』에 수록한 절대 규칙이 '도매 법칙 5개 조(① 공사 혼동 금지, ② 수익 편취 금지, ③ 임무 회피 금지, ④ 사사로운 감정 개입 금지, ⑤ 헐뜯기 금지)'다. 그런데 이 규칙에 가장 많은 제약을 받는 사람은 바로 나 자신이다.

경영자에게 필요한 능력이 무엇일지 다시 생각해보자. 능력에도 여러 종류가 있다. 두드러진 재능이거나 전문 기술, 때로는 많은 매출과 이익을 내는 장사 수완일 수도 있다. 모두 훌륭한 능력이다. 그러나 회사나 유통 점포를 운영하는 사람의 진짜 능력은 '조직을 움직이는 힘'이다. 이것은 '사람을 움직이는 힘'과 같은 말이다. 단순한 기술이나 근면성, 지능은 결정타가 되지 못한다. 결국 인간 대 인간 관계를 잘 구축하는 능력이 제일 중요하다.

높은 전문성이나 특수한 기술이 필요한 일부 IT 기업이나 벤처기업에서는 몇 명의 천재가 조직을 굴릴 수도 있다. 그런 기업의 경영자에게는 인격보다 전문 기술이 중요하고 현장에서 일하는 사람도 그런 기술 훈련을 더 중시할지 모른다.

그러나 고객, 즉 '사람'을 상대하는 서비스업은 다르다. 총 취업 인구의 약 60%를 차지하는 서비스업 현장에서는 아무리 유능한 사람이라도 고객과 일대일로 접해야 하므로 일정량 이상의 업무를 소화할 수 없다. 그래서 개인의 기술이 미치는 범위가 한정적이다.

소매업은 개인전이 아니라 팀워크로 힘의 총량과 우열을 다투는 단체전이다. 그래서 리더에게는 팀원들의 의욕을 환기하고 끊임없는 노력으로 집단 운의 시너지 효과를 끌어내며 팀을 통합하는 다면·다층적 역량이 요구된다. 그런 리더의 최종 무기가 인간적 능력, 다시 말해 인격이다.

인격을 구체적으로 정의한다면 '공감 능력'이라고 할 수 있다. 기업 경영자는 직원의 노력과 수고를 알아주며 마음에 다가서야 한다. 직원들은 전국의 현장이라는 최전선에서 매일

구슬땀을 흘리고 있다. 불만도 많을 텐데 용케 마음을 다스리며 열심히 일하는 것이다.

이럴 때 5장에서 언급한 주어 전환이 필요하다. 직원들의 관점으로 상상력을 발휘해 '어떤 말을 들으면 의욕이 샘솟을까?'라고 궁리해보자. 단, '돈을 더 벌고 싶다'라는 경영자의 사심은 완벽히 배제해야 한다. 현장 직원들은 "바쁜 와중에도 정말 고마워요. 앞으로도 여러분과 함께 신나게 일하고 싶습니다"라며 진심으로 공감하고 경의를 표할 줄 아는 사람을 따르게 마련이다.

결국 사람과 하는 일, 마음을 꿰뚫어라

다나카 가쿠에이田中角榮 일본 전 총리가 인기 있었던 것도 바로 공감 능력 덕분이다. 자신의 선거구에서 활동할 때는 장화를 신고 논밭에서 일하는 사람들에게 달려가 "여러분 덕분에 니가타新潟가 든든합니다. 감사합니다"라고 머리를 조아리고 돌아다녔으니 말이다. 그래서 다나카 전 총리는 도쿄대학교 출신인 후쿠다 다케오福田赳夫 전 총리나 나카소네 야스히로中曾根康弘 전 총리보다 압도적인 인기를 누렸다. 지식층인 두 사람은 좀처럼 굽신거리지 못했기 때문이다.

소매업도 본질은 똑같다. 다시 말해 소매업은 '대중 연극'과 비슷해서 고객과 직원의 마음에 딱 붙어 화학반응을 일으켜야 한다. 그래서 공감 능력이 필수다. 평범한 경영 컨설턴트라면 절대 이런 조언을 하지 못한다. 그들은 물에 들어가 본 적 없는 수영 코치와 같다. 실제로 수영해본 적이 없어 물을 먹는 괴로움도 모르면서 물 밖에 서서 이것저것 지시한다. 그들은 숫자를 가지고 발표 자료를 만드는 데 능숙할 뿐 현장에서 일어나는 문제를 구체적으로 다루기 시작하면 꿀 먹은 벙어리가 된다.

집단 운 조직을 만들려면 사람을 움직이는 힘, 즉 조직을 움직이는 힘이 필요하다. 그 힘으로 집단 운 조직을 만들 사람은 결국 앞장서서 전투를 전문적으로 이끌 경영자뿐이다.

이처럼 경영자의 개별 운을 복수형인 집단 운으로 바꾸는 데도 요령이 있다. 경영자 개인의 욕망과 야심, 지향하는 목표 등을 주어 전환을 통해 각각의 직원들에게 알맞은 내용으로 바꾸는 것이다. 조금 더 보충하자면, 주어를 직원 개개인으로 바꾼 다음에 경영자가 마음속으로 그리는 회사의 방향성이나 전망 등을 '직원들이 들으면 의욕을 느낄 듯한 말'로 바꾸어 제시하면 된다.

이는 오케스트라의 지휘자가 하는 일과 비슷하다. 오케스트라에서는 지휘자의 몸짓에 따라 각 악기 연주자가 최고의 소리를 내야 조화로운 화음이 만들어지고 장내에 힘찬 행진곡이 울려 퍼진다. 돈키호테도 이렇게 만들어진 화음 위에 집단 운이 성립한 사례다. 그리고 우리는 그 운을 원동력 삼아 짧은 시간에 밑바닥에서 2조 엔 규모의 기업으로 성장했다.

이제 내 뒤를 이을 경영자에게 가장 필요한 능력이 무엇인지 말하겠다. 그것은 복잡한 현상의 본질을 꿰뚫어 보고 단순화하는 능력, 다양한 사람을 끌어들여 이해하고 수긍하게 함으로써 의욕을 불러일으키는 능력, 문제 해결책을 동시·복합적으로 모색할 뿐만 아니라 변화에 제때 대응해 그 해결책을 응용하는 능력이다. 이상이 너무 높은 건지 모르지만 내 솔직한 확신이자 바람이니 너그럽게 이해해주길 바란다.

앞서 언급한 IT 기업 등 연구 개발형 기업이든, 우리 회사처럼 여러 인재가 모여 다양한 기능을 하는 복합형 기업이든 경영자에게 이런 능력이 중요한 것은 마찬가지다.

일을 게임처럼,
승리를 공유하라

지금까지는 주로 경영자와 현장 책임자의 능력에 대해 말했다. 이제부터는 집단 운을 끌어들이는 사내 조직을 소개하겠다.

거듭 말하지만 내 개별 운이 집단 운으로 바뀌어 관성바퀴로 작용하자 조직이 스스로 열정적으로 돌진하는 '집단 운 조직'으로 변했고 '기적의 연쇄반응'이 일어나 현재의 PPIH를 만들었다. 이 기적의 연쇄반응은 쉽게 설명하기 어렵다. 내가 의도적으로 일으킨 것이 아니라 내 힘이 전혀 미치지 않는 데서 자발적으로 일어난 현상이기 때문이다.

우선 과거를 돌아보자. 돈키호테 초기에 나는 권한 이양을 결심하고 매입부터 진열, 가격 설정, 판매에 이르는 모든 일을 현장에 과감히 맡겼다. 그 결과 신뢰를 얻어 직원들이 열정적으로 일에 몰두하기 시작했다. 그러다 보니 직원들이 게임화된 일에서 재미를 느껴 '이기고 싶다'라는 마음이 강해졌고 '어떻게 하면 제일 많이 팔릴까?'라고 고민하며 여러 가지 아이디어와 정책을 시험하게 되었다. 권한 이양으로 일이 노동에서 경쟁, 즉 게임으로 변한 것이다.

당연한 말이지만 게임에서 이기면 기쁘고 지면 분하다. 그래서 쉽사리 그만두지 못하고 계속 도전하게 된다. 이 과정을 반복하다 보니 모두의 실력이 나선형으로 상승했고 우리 회사는 실제 잠재력을 뛰어넘는 성과를 올릴 수 있었다.

다시 말해 '기적의 연쇄'를 일으킨 비결은 일의 게임화, 그리고 그 게임을 모두가 공유하는 것이었다. 참고로 『원류』에 담긴 '직원의 마음가짐, 행동 규범 10개 조' 중 제8조에도 '일을 노동이 아닌 게임으로 즐길 것'이라고 되어 있다. 일을 게임으로 바꾸는 4대 조건은 다음과 같다.

① **명확한 승부**: 승부가 뚜렷하지 않으면 게임이 아니다.
② **시간제한**: 시간이 무제한이면 긴장감이 없다.
③ **최소한의 규칙**: 규칙이 많고 복잡하면 이해하기 어려워서 재미가 없다.
④ **대폭의 자유재량권**: 주변의 간섭만큼 게임의 재미를 앗아가는 것이 없다.

규칙을 이처럼 명확히 정하지 않으면 '일은 노동이 아닌 게임'이라는 말도 단순한 구호로 끝나고 만다. 아무 규칙도 없이 정신론만 강조하며 "게임을 즐기듯 일하라"라고 강요한다면 악덕 기업과 다를 바 없다.

일단 권한을 넘기면 저절로 일이 게임으로 변해 모두가 열정을 불태울 것이다. 이것이 우리 회사의 DNA다. 남들이 어떤 비즈니스 서적을 읽어도, 심지어 MBA 자격을 취득해도 남은 결코 흉내 낼 수 없는 우리만의 강점이다.

'일의 게임화'는 점점 전파·확대되어 전국의 모든 매장과 지사가 게임하듯 경쟁하게 되었다. 제한 시간이 끝나고 패배한 쪽은 "시간을 조금만 더 달라"라고 애원하기도 한다. 마치 대회에 참가하는 게이머들처럼 이른바 '집단 조증 상태'에 빠진 듯한 모습이다. 모두가 열중해서 엄청난 상승기류를 만들어낸 덕분에 정신 차려보면 나를 포함한 모든 사람이 생각하지도 못했던 높은 곳에 도달해 있다. 이것이 '기적의 연쇄반응' 현상의 정체다.

이렇게 게임을 계속한 결과 돈키호테를 창업하고 주식을 상장했다. 이로써 '일의 게임화'에 놀라운 효과가 있음을 깨닫고 확신 있게 같은 과정을 반복했다. 사실은 그 시절의 자욱한 열기와 열정의 불꽃, 그 모든 걸 하나로 뭉쳐버리는 커다란 소용돌이가 그립다. 허풍이 아니라 실제로 존재했던 '기적의 연쇄반응'이 없었다면 PPIH는 절대 지금 같은 규모로 성장하지 못했을 것이다.

멋진 미래는
다 함께 만들어라

돈키호테에서 매년 개최하는 '디스플레이의 철인(통칭 D철)' 대회에서 일의 게임화와 집단 조증 상태의 효과를 단적으로 확인할 수 있다.

'D철'은 영업 지사들이 토너먼트 형식으로 디스플레이 수준을 겨루어 회사 최고의 '철인'을 뽑는 사내 대회다. 참가 팀은 신호가 울리는 즉시 배부되는 일람표를 참고해 제한 시간 내에 선반 진열을 완료해야 한다. 일람표에는 각 상품의 이름, 이미지, 판매가, 매출 이익률이 쓰여 있다. 그리고 상품별로 매출과 판매 수량, 매출 이익 중 무엇을 중시해야 하는지, 최소 진열 수량과 적정 진열 수량은 몇 개인지도 함께 기재되어 있다. 승패는 '전설'로 불리는 임원들과 과거 우승자들이 매긴 점수의 합계로 결정된다.

돈키호테의 명물 D철에서 우수한 성적을 거두고
승리의 기쁨을 만끽하는 출전자.

　외부 장소를 빌려 진행하는 이 대회는 매번 성황을 이룬다. 출전자들이 매출 이익, 외형을 종합적으로 고려해 단시간에 압축 진열을 끝내는 모습은 마치 묘기를 부리는 차력 쇼 같다. 인공지능(이하 AI)도 그렇게 할 수는 없을 것이다. 모든 출전자가 이기면 기뻐하고 지면 분해하면서 최선을 다한다. 응원단은 출전자 곁에서 환호성을 지르고 사회자도 질세라 분위기를 띄운다.

D철은 전사 규모지만 각 지사나 점포에서도 미니 이벤트를 자주 연다. 개별적, 자발적으로 고객 할인 행사를 게임 대회처럼 만들어 일상적으로 경쟁을 즐기는 것이다. 그 덕분에 모두가 열정의 소용돌이에 빠져든다. 일의 게임화가 현장의 일상에서 살아 숨 쉬고 있다.

D철의 사례에서도 알 수 있듯 우리 회사에는 '열정의 소용돌이' 같은 것이 있어 그것이 집단 운을 관성바퀴처럼 돌린다. 민망한 이야기지만 그 소용돌이는 나에게서 시작되었다고 생각한다. 내게는 사람을 끌어들이는 자력 같은 게 있는 듯하다. 타고난 재능인지 아닌지는 잘 모르지만 어쨌든 눈에 보이지 않는 이 힘이 PPIH 창업 경영자로서 성공하게 만든 결정적 요인일 것이다. 물론 나도 이 재능을 열심히 갈고닦았다. 재능에 걸맞은 인격과 인간적 매력을 갖추기 위해 노력을 아끼지 않았다고 자부한다.

자기실현을 향한 간절함과 열정이 남보다 훨씬 강한 것 또한 성공의 결정적 요인이 되었을 것이다. 이처럼 '사람을 끌어들이는 힘'과 '자기실현에 대한 간절함'이 합쳐져 '열정의 소용돌이에 끌어들이는 힘'이라는 관성바퀴를 만들어냈다. 그리고 이 관성바퀴는 세포분열하듯 증식해 돈키호테의 독주에 더욱

속도를 더했다.

　　좀 더 구체적으로 표현해보면 이렇다. '일단 주변 사람들이 내 캐릭터에 공감해 내 세계에 끌려든다. 모두 그 세계에 올라타면 나 역시 즐거워져 다시 한번 스스로 올라탄다. 함께 함성을 지르며 나아가다 보니 더 재미있어 몰두하게 된다. 그리고 어느 순간 주위를 둘러보니 비슷한 소용돌이가 여기저기 생겨나 있다'라는 식이다. 어쨌든 돈키호테가 초기에 폭주한 것은 이런 집단 운의 순환을 통해 강력한 상승세가 형성된 덕분이다.

　　사실 『원류』의 모든 행간에는 '모두 멋진 미래를 함께 만들어보자'라는 나의 진심이 담겨 있다. 『원류』는 창업자인 내가 PPIH의 모든 직원에게 보내는 뜨거운 응원가이기도 하다. 앞서 말한 '기적의 연쇄반응'이나 '끌어들이는 힘'의 원천이 여기에 응축되어 있다. 다시 말해 우리는 목표를 공유하고 함께 게임을 하며 희로애락을 나누는 동료다.

　　한번은 이런 돈키호테를 보고 어떤 지인이 "꼭 학교 동아리 같네요"라고 말한 적이 있다. 똑같지는 않지만 비슷한 건 사실이다.

집단 운 조직의 전제는
다양성

―――――

『원류』에서는 인재의 다양성을 강조한다. 민감한 주제여서 일반적 해설로 끝냈지만 '다양성'도 『원류』의 핵심 개념이다. 열정의 소용돌이에 끌어들이는 힘처럼 다양성도 우리 회사의 관성바퀴 중 하나라 할 수 있다.

그런데 다양성이라고 하면 일반적으로 '여성 인력 활성화', 'LGBTQ 등 소수와의 공생', '일과 삶의 균형 실현' 등을 떠올리는 사람이 많을 것이다. 하지만 그것은 현대 기업이 중시할 기본 상식이자 너무 당연한 개념이라 굳이 『원류』에 쓸 필요도 없었다.

『원류』가 말하는 다양성 중시는 2장에서 언급한 '순풍에 돛 달기(장점을 더 발전시키는 것)'와 같은 맥락으로 이해해야 한다. 여기서 칭찬이란 상대가 조용히 자부심을 느끼는 부분을 찾아 인정해주는 것(『원류』 차세대 리더의 마음가짐 12개 조 중 제8조)임을 명심해야 한다.

인간은 누구나 자존심과 열등감을 동시에 품고 살아간다. 그리고 시계추처럼 양극단 사이를 흔들리며 오간다. 이런 불안정한 존재가 인간이다. 물론 부족한 부분을 보완하려고 노력하는 것도 중요하다. 그것도 순수한 향상심에서 나온 행위이니 존중받아 마땅하다. 다만 현실적으로 이런 노력이 곧바로 결실을 맺는 것은 어릴 때, 기껏해야 학생 때까지일 것이다. 어느 정도 경험을 쌓고 본격적으로 사회생활을 하고 있다면 단점과 열등감을 무리하게 극복하려 애쓰기보다 본인의 개성으로 인정하고 내려놓는 게 좋다. 주변에서도 그런 다양성을 인정해야 한다.

자신의 특기와 장점을 적극 발전시키고 활용하려고 노력해야 직업적으로나 개인적으로나 훨씬 의미 있고 효율적인 인생을 누릴 수 있다. 쉽게 말해 사회인이 되면 자신의 약점에는 눈을 감고 장점을 키우는 데 전념하는 게 좋다. 사람의 특기는 제각각 다양하다. 다양한 개성이 섞여 충돌해야만 사회와 기업이 발전하고 성숙해진다. PPIH도 그래서 급성장할 수 있었다. 관성바퀴가 힘차게 돌아간 덕분이다.

반대로 평균적인 인재만 모인 관청 같은 조직은 재미가 없다. 최소한 그런 곳에서는 창의적인 활동이나 업무를 기대할 수 없다. 이상적인 조직이란 제각각 뛰어난 재주를 갖춘 다채로운 인재가 한데 모여 서로의 약점을 메우고 각자 재주를 더

욱 발전시키는 조직일 것이다. 어떤 기업이나 조직이든 그렇게만 되면 상상도 하지 못한 강력한 힘을 발휘한다. 우리 회사도 다양성을 실현해 그런 수준에 도달하는 것이 목표다. 이처럼 다양성은 집단 운 조직의 전제이자 출발점이다.

여러분에게 묻고 싶다. 돈키호테처럼 개성 강한 기업이 시행착오를 거쳐 거대 유통 기업으로 성장한 이유는 무엇일까? 누군가 이런 질문을 던진다면 나는 뭐라고 대답할까?

어떤 기업이나 업태든 개성이 강할수록 주류가 되기 어렵다. '주류'란 일반적으로 개성이 희박하다는 뜻이기 때문이다. 그런데 우리 회사는 강렬한 개성을 간직한 채 주류 기업이 되었다. 즉 '오어가 아닌 앤드'를 실현해 이율배반을 해소한 것이다. 그 최대의 원동력은 무엇이었을까? 그 답은 강력한 집단 운 조직에서 유래한 일본 최고, 아니 세계 최고로 강력한 현장의 힘, 즉 '개별 점포의 힘'이다.

홋카이도北海道에서 오키나와까지 전국에 포진한 우리 점포 사람들의 사기와 패기, 전투력은 타의 추종을 불허한다. 나는 예나 지금이나 변함없이 '소매업은 국지전'이라고 생각한다. 그래서 일본 최고의 점포를 만들 필요가 없다. 각각의 점포가 한정된 상권의 '지역 챔피언'이 되면 몇백 개의 챔피언을 보유한 우리 회사가 결국 전국을 지배하기 때문이다. 실제로 우리 점포 대부분이 각 상권에서 연이어 승리를 기록하고 있다.

그 비결은 현장 직원뿐만 아니라 최전선에서 일하는 약 8만 명의 메이트mate에게 권한을 최대한 넘겨준 데 있다. 메이트란 '동료'를 뜻하는 말로 우리 회사에서는 정사원 이외의 시간제 아르바이트 사원을 가리킨다.

이번 장 앞부분에서 '경영자의 한 걸음보다 직원의 반걸음'이라고 했는데, 여기서는 '사원의 한 걸음보다 메이트의 반걸음'이라고 말하고 싶다. 『원류』에도 '메이트는 우리 회사의 보배'라고 적혀 있다.

도쿄 디즈니랜드(이하 TDL)의 '캐스트cast'를 아는가? 큰 인기를 누리는 아르바이트 자리로, 학생 때 캐스트로 일하다가 졸업 후 일본 디즈니랜드 운영사인 오리엔탈랜드Oriental Land Co., Ltd.에 정식으로 취업하는 사람도 적지 않다. TDL의 캐스트와 우리 회사의 메이트에게는 공통점이 있다. 둘 다 조직에 애정을 느낀다는 것이다.

물론 캐스트와 메이트의 지원 동기는 다르다. 캐스트는 어릴 때부터 디즈니 팬이었다거나 하는 이유로 상당한 열정을 품고 지원하는 사람이 많지만, 메이트는 '집이 가깝다'라든지 '시급이 비교적 많다'라는 이유로 지원하는 사람이 대부분이다.

그러나 실제로 일을 시작하면 메이트가 변하기 시작한다. 권한 이양과 일의 게임화를 통해 일하는 재미에 점점 눈을 떠 캐스트의 '디즈니 사랑' 못지않은 '돈키호테 사랑'이 싹튼다. 이후 많은 메이트가 정사원이 되는 것은 캐스트와 비슷하다.

캐스트에게는 고객의 꿈을 키워주기 위한 서비스 및 환대의 정신이 필요하다고 한다. 우리 회사 메이트에게는 그뿐만 아니라 고객에게 이익과 즐거움을 제공하려는 다면적 창의성도 필요하다. TDL과 경쟁하려는 건 아니지만 우리 메이트가 더 큰 창조성으로 더 큰 부가가치를 창출해 사회에 공헌한다고 자부한다.

지시와 명령 대신
감사와 부탁으로

메이트를 포함한 현장 사람들의 능력을 최대화하고 집단 운을 끌어당기는 비결은 '감사와 부탁'이다. 결코 지시와 명령이 아니다. 나는 언제나 현장 사람들을 최대한 존중하고 그들에게 진심으로 감사한다. 그런 태도로 부탁해야 그 마음이 전해져 상대방이 움직인다. 우리 회사에는 그런 선순환을 자연스럽게 만들어내는 리더가 필요하다.

메이트에게 "최선을 다해주세요"라고 부탁하듯 말해도 그것은 일방적인 요구일 뿐이다. 요구하고 싶은 마음을 틀어막고 "여러분은 정말 훌륭해요. 지금까지 보여준 노력에 정말 감사합니다. 진심으로 여러분과 함께하고 싶어요"라고 열정적으로 말할 수 있어야 한다. 내려다보는 시선으로 건조하게 "열심히 합시다. 멋진 매장을 만듭시다"라고 지시할 때와는 비교할 수 없이 사기가 높아질 것이다.

우리 회사는 나이, 성별, 국적은 물론이고 생활 배경과 경력, 사상, 가치관이 제각각인 사람이 한데 모인 다양성의 용광로 같은 조직이다. 특히 현장은 그런 특성이 강하다. 이처럼 다양한 사람들이 마음을 하나로 모아 상승하는 소용돌이에 뛰어들고 열정을 불태우며 한 방향으로 돌진한다. 엄청나게 가치 있고 수준 높은 상태이니 크게 자랑할 만하다. 감사와 부탁으로만 이런 상태를 실현할 수 있다는 사실을 잊지 말자.

감사와 부탁은 우리 회사에서 권한 이양과 쌍벽을 이루는 원칙이다. 사람은 누군가가 자신을 믿고 일을 부탁하면 스스로 생각하고 움직이게 되어 있다. 감사와 부탁을 받으면 단순한 '지시와 명령'으로는 수행하지 않을 창조적 업무와 고차원적 경영을 수행하게 된다. 나아가 기업 이미지를 높이는 데도 공헌할 수 있다.

동일본 대지진과 구마모토熊本 지진이 일어났을 때 피해 지역의 돈키호테 매장이 제일 먼저 음식료 및 필수품 판매를 재개한 일을 예로 들 수 있다. 정전으로 계산대가 작동하지 않았지만 각자 계산기를 꺼내 수기로 판매 상황을 기록하면서 사회 인프라 역할을 했다. 그뿐 아니라 밥을 지어 사람들에게 돌리고, 상하기 쉬운 식품을 고객에게 무료로 나눠주어 재난 지역 주민에게 큰 도움이 되었다.

그런데 이는 내가 명령하거나 본부의 지시로 이루어진 일이 아니다. 현장이 스스로 판단해 한 일이다. 평소 직원들이 지시와 명령에 따라 업무를 수행했다면 재해 앞에서 전혀 움직이지 못했을 것이다. 감사와 부탁에 기반한 권한 이양 시스템이 더없이 자랑스러웠던 순간이다.

그러면 본질을 좀 더 파고들어보자. 메이트를 8만 명쯤 거느린 거대 기업 돈키호테가 어떻게 이처럼 전면적으로 권한을 이양할 수 있었을까?

우리 회사 직원들이 메이트와의 진심 어린 소통을 최우선으로 삼고 그들의 사소한 어려움까지 적극적으로 해결하려고 노력한 덕분이다. 직원들이 전적인 신뢰와 배려로 성선설에 기반한 권한 이양을 실현한 것이다. 덕분에 넉넉한 시급과는 별도로, 메이트의 동기와 자부심을 최대화하고 적극적인 승인 욕구를 만족시키는 구조가 만들어졌다. 이것이야말로 지금까지 아무도 언급하지 않았던 돈키호테가 지닌 힘의 원천이자 개성의 본질이다.

참고로 우리 회사에서는 지사장 등 간부 및 현장 관리직과 메이트가 대화하는 행사를 정기적으로 연다. 이름은 '대화 집회'이긴 하지만 실질적으로 메이트의 말에 직원이 귀를 기울이는 '경청 집회'에 가깝다.

이 모임에서 메이트는 현장의 불만과 요구 사항뿐만 아니라 무엇이든 말할 수 있다. 직원들은 힘들더라도 끝까지 듣고 아낌없이 칭찬한다. 사람은 '호혜성의 법칙 norm of reciprocity'에 따라 누군가에게 인정받으면 거기에 부응하려 하기 마련이다. 반대로 부족함을 질책당하면 의욕을 잃는다. 그래서 잘한 일을 충분히 칭찬해주는 것이 중요하다.

대화 집회에서 이야기를 잘 듣고 칭찬하면 메이트는 의욕이 강해지고 사기가 높아진다. 그러면 팀별 결속도 강해져 선순환과 상승효과가 생겨난다. 현장의 리더는 이런 상태를 이끌어내고 유지하는 능력을 갖추어야 한다.

독재는 조직을
쇠퇴와 멸망으로 이끈다

마지막으로 집단 운을 끌어당기는 경영자의 마음가짐, '운이 강한 경영자'와 '운이 없는 경영자'의 차이를 살펴보자. 우선 『원류』에 기재된 '관리의 철칙 9개 조'의 해설문을 일부 인용하겠다.

'신뢰와 존경의 선순환' ↔ '권력과 영합의 악순환'
우리 회사의 상사는 아무리 일을 잘해도 직위에 걸맞은 덕망을 갖추지 못하면 높이 평가받지 못한다. 우리 그룹은 부하를 신뢰하는 덕망 있는 상사, 그런 상사를 진심으로 존경하는 부하가 엮어내는 '신뢰와 존경의 선순환'을 지향하기 때문이다.
그 정반대의 관계가 인망 없이 권력만 내세우는 상사와 그런 상사에게 아첨하며 따르는 부하의 관계다. 이런 부하는 나중에 상사가 되면 예전에 자신이 상사 앞에서 했던 행동을 부하에게 강요한다. 결국 권력을 믿고 으스대는 최악의 상사가 되는 것이다. (중략) 이것이 '권력과 영합의 악순환'이다.

우리 회사가 가장 꺼리는 또 하나의 관계는 '공포와 복종'에 기반한 상사와 부하 관계다. 이런 관계를 심각하게 경계해야 한다.

_『원류』관리의 철칙 9개 조 해설문 일부

즉 'PPIH 그룹은 독재를 절대 허용하지 않는다'라고 할 수 있다. 나는 '독재'를 '권한 이양'의 반대 개념으로 이해한다. 독재는 부하 직원에게서 권한을 빼앗고 맹종을 강요해 결국 창의적인 능력을 말살한다.

독재는 아무것도 만들어내지 못한다. 오히려 조직의 집단 운을 눈에 띄게 악화시켜 쇠퇴와 멸망으로 이끈다. 전 세계에서 이런 일이 허다하게 일어났고 지금도 일어나고 있다. 아직 현존하는 독재국가의 비참한 실상과 수많은 독재 경영 기업의 말로를 보면 독재의 폐해를 확인할 수 있다.

수백 년 전까지만 해도 독재는 세계적으로 효과적인 통치 수단으로 여겨졌다. 예를 들어 중세 르네상스기의 정치 사상가

니콜로 마키아벨리Niccolò Machiavelli는 지도자론의 고전으로 꼽히는 자신의 저서 『군주론』에서 '(군주는) 사랑의 대상이 아닌 두려움의 대상이 되어야 한다'라고 역설했다. 강력한 군주가 주도하는 독재정치의 필요성을 옹호한 것이다. 중세 유럽 곳곳에서는 피비린내 나는 침략 전쟁이 연달아 일어났다. 잠시라도 방심하면 발을 헛디뎌 넘어지는 가혹한 약육강식의 세계였다. 그러므로 리더가 강한 권력을 쥐고 국민을 공포로 지배하는 것이 가장 손쉽고 빨랐을 것이다.

그러나 현대는 일부 국가나 지역을 제외하고는 모든 사람이 자유를 누리는 평온한 시대다. 특히 우리가 사는 민주국가에서는 모든 근로자에게 직업 선택의 자유가 주어진다. 마키아벨리가 살았던 중세와는 전제 조건이 다르다.

압도적 통치를 중시하는 독재국가와 자유와 민주주의를 중시하는 민주국가 중 어디에 살고 싶은지 물으면 대다수가 후자라고 대답할 것이다. 주어를 '국민'으로 바꾸어 생각하면 너무나도 당연한 결과다. 회사에서도 마찬가지다. 누구나 고압적인 경영자 밑에서 일하기보다 개인의 의지를 존중하는 경영자 밑에서 일하고 싶은 게 당연하다.

이번에는 주어를 '경영자'로 바꾸어보자. 직원을 자기 마음대로 움직이고 싶어 하는 경영자의 뇌는 '얕보이면 끝장'이라는 생각에 지배당한다. 그들에게는 '공포와 복종'을 이용한 위압적, 고압적 경영이 가장 쉽고 효율적인 수단이다. 즉시 자아도취감을 얻고 자존심을 채울 수 있으므로 안이하게 이 방법에 의존하는 경영자가 아직도 많다.

특히 최악은 다음과 같은 유형이다. 나는 자신 있게 이런 짓을 하는 사람들을 보면 강렬한 혐오감을 느낀다.

유형 ①
웃는 얼굴을 거의 보여주지 않고 언제나 답답한 표정을 짓는다. 무슨 생각을 하는지 알 수 없는 행동과 분위기로 부하를 헛갈리게 한다.

유형 ②
부하나 직원이 전혀 예상하지 못한 순간에 갑자기 이성을 잃고 화를 낸다. 그중에서도 모두가 동조하는 분위기가 조성되었을 때 일부러 찬물을 끼얹듯 갑자기 화를 내서 모든 사람을 위축시키는 권력자가 제일 악질이다.

유형 ③

자기 의견에 대한 반론을 허용하지 않을 뿐만 아니라 그 반론의 근거인 사실과 증거까지 부정하며 무조건 자기 의견을 통과시키라고 부하에게 강요한다.

나는 이런 방법에 의존하는 경영자를 절대 일류로 인정하지 않는다. 이들은 삼류, 사류에 가깝다. 요즘 같은 세상에 반사회 세력이나 마피아 두목도 아니면서 위압감으로만 조직을 통솔한다는 것에서 내 평가는 제로를 넘어선 마이너스로 떨어진다.

이는 경영자뿐만 아니라 현장의 점장이나 관리자에게도 해당하는 말이다. 특히 모두가 화기애애하게 이야기를 나누고 있는데 찬물을 끼얹어 일부러 위압감을 과시하는 사람이 있다. 창업 직후 돈키호테에도 그런 사람이 몇 명 있었다. 그 가운데 일을 잘하는 사람도 있었지만 모두 내보냈다.

'공포와 복종'으로 현장을 위축시키면 단기적으로는 실적이 좋아질 수 있다. 그러나 그런 방법에 의존하면 조직은 결국 불운을 끌어당겨 빠르든 늦든 흔들리고 무너지게 된다. 나는 그런 사례를 질릴 만큼 많이 보았다. 나보다 훨씬 유능하고 아침부터 저녁까지 죽도록 일하는데도 어느새 자취를 감추는 경영자, 회사 매출이 언제까지나 수십억 엔 수준을 벗어나지 못하는 경영자가 대체로 이런 독재자 유형이다.

운 좋은 경영자의
결정적 차이

경영자에게는 '인격'만 한 능력이 없다는 것이 나의 변함없는 지론이다. 여기서 말하는 인격이란 머더 테레사Mother Teresa의 사랑이나 독재자의 카리스마를 뜻하지 않는다. 다른 사람에게 공감하는 능력을 발휘해 '저 사람과 함께 미래를 꿈꾸고 싶다'라고 생각하게 만드는 능력이다. 이런 사람은 솔직하게 속내를 이야기하므로 현장을 위압하는 행동 따위는 절대 하지 않는다. 모든 직원이 '저 사람을 위해서라면 힘든 일이라도 하고 싶다'라며 진심으로 사모할 정도의 경영자여야 집단 운 조직을 이끌 수 있다.

나도 젊을 때는 독재적 방법에 의존하려는 유혹에 가끔 흔들렸다. 그러나 이제는 잘난 척 으스대지 않는다. 솔직히 말해 나는 위압적으로 행동하기 어려운 성격은 아니다. 스스로 인정하건대 오히려 능숙한 편이다. 젊을 때 회사 밖의 상대와 싸울 때는 그런 수법을 잘 써먹었다.

그러나 회사 안에서는 위압적 행동을 절대 금지하고 독재의 정반대인 권한 이양을 선택했다. 덕분에 지금의 PPIH 그룹이 있는 것이다. 내가 독재적 방법으로 돈키호테 조직을 억지로 통합했다면 어떻게 됐을까? 초기 단계에서는 크게 성장했을지 모르지만 결국 매출 규모가 수백억 엔대를 벗어나지 못했을 것이다. 하물며 2조 엔 규모는 꿈도 꾸지 못했을 것이다.

다행히 '사랑의 대상이 되기보다 두려움의 대상이 되면 끝장'이라는 확신을 가지고 나 자신을 힘껏 억제해왔다. 권한 이양을 통해 스스로 열정적으로 돌진하는 집단 운 조직을 만드는 과정을 밟느라 시간은 오래 걸렸지만 그래도 차근차근 잘 키워냈다고 생각한다. 이렇게 할 수 있느냐 없느냐가 현대의 운 좋은 경영자와 운 나쁜 경영자의 결정적 차이일 것이다.

• 7장 포인트 •

✔ 경영자의 한 걸음보다 직원의 반걸음이 회사에는 훨씬 중요하다.

✔ 결정적 키워드는 경영자의 인격이므로 직원에게 공감해 현장에 의욕과 열정을 불어넣고 경쟁과 협력을 통해 집단 운의 상승효과를 노린다.

✔ 사람을 움직이려면 지시와 명령이 아닌 감사와 부탁을 활용한다.

✔ 일을 노동이 아닌 게임으로 즐긴다.

✔ 독재는 조직을 쇠퇴와 멸망으로 이끈다.

비기 5

최고의
리스킬링 참고서

일전에 미국 하버드대학교의 저명한 교수가 하버드 경영 대학원 수업의 주제로 '돈키호테의 성공'을 채택했다는 경제 기사를 읽었다(다이아몬드 온라인 〈하버드대 교수가 '돈키호테'를 주제로 강의 – 학생들과의 불꽃 튀는 토론 내용은?〉). 하버드대학교 경영 대학원은 세계적 최첨단 사업 모델 연구를 주도하며 뛰어난 인재를 수없이 배출한 교육기관이다.

그런 곳에서 '틀을 파괴하는 사업 모델'의 연구 대상으로 우리 돈키호테를 채택하다니 정말 명예로운 일이다. 시대가 달라지긴 했나 보다. '안티 체인 스토어' 정책을 구사하는 유통업계의 이단아로만 여겨졌던 돈키호테가 세계 최고 경영 대학원의 연구 대상이 될 거라고는 생각도 하지 못했다.

그러나 아무리 뛰어난 인재들이 연구와 분석을 거듭해도 그 식견과 논리만으로는 돈키호테의 실태와 본질, 특히 집단 운의 개념에 도달하지 못할 것이다. 돈키호테의 현장은 인생과 인간관계에 대한 특별 학위를 취득할 수 있는 '인생 극장' 그 자체이기 때문이다. 고객을 비롯한 다양한 인간 군상이 진검 승부를 펼치는 덕분에 돈키호테의 압도적 경쟁 우위가 흔들리지 않는다.

'틀을 파괴하는 사업 모델'의 본질이 현장에 있으니 책상머리에서 세계 최첨단 사업 모델을 아무리 연구해도 그 비결을 밝혀낼 수 없다. 그런 의미에서 『원류』는 경영 대학원 교과서가 다루지 못하는 희소한 관점에 근거한 실천서이자 풍부한 인생을 실현하는 책이라고 할 수 있다.

리스킬링 열풍의 배경

최근 DX(디지털로의 전환)의 도입과 생성형 AI의 급속한 진보에 따라 사업의 패러다임이 크게 달라지고 있다. 이 기술이 적극

도입된 것은 저출산 고령화에 따라 일손 부족 문제가 심각해졌기 때문이다.

또 AI 등 최첨단 기술을 최대한 활용하려면 각 직원이 새로운 지식과 기술을 끊임없이 익혀야 하므로 최근 들어 리스킬링reskilling(직업 능력 재개발, 재교육)이 주목받고 있다. '종전의 방식만 고수하면 디지털 기술과 AI에 직업을 빼앗겨 길바닥에 나앉기 쉽다'라는 위기감 덕분이다.

그런데 나는 이번 장에서 '리더에게 가장 중요한 자질은 인격이다', '인간 대 인간의 공감을 강화해 집단 운을 끌어당긴 결과 돈키호테가 압도적 현장 경쟁력을 갖추게 되었다'라고 거듭 강조했다.

당연한 이야기지만 AI가 아무리 발달해도 인격은 갖출 수 없다. AI가 아무리 인간의 인지력을 뛰어넘어 진화해도 운은 지배할 수 없다. 물론 AI는 인간적 능력과도 무관하다. 어느 날 AI가 여러분에게 "당신 기분은 잘 알겠어요"라든가 "함께 조금만 힘을 내봅시다"라고 말한다면 여러분은 그 기계를 때리고 싶은 충동을 느낄 것이다.

우리 현장 직원들은 AI가 절대 할 수 없는 일을 밤낮으로 반복하고 있다. 적어도 우리 현장에는 AI로 대체할 만한 업무나 행위가 전혀 없다. 역설적이지만 그런 현장의 지침서이자 집단 운의 비법서인 『원류』가 오히려 최고의 리스킬링 서적일지 모른다.

8장 압승의 미학

크게 성공할 기회는 자주 오지 않는다. 반대로 패배할 기회는 자주 온다. 하지만 패배로 입은 손상은 몇 번 되지 않는 대승으로 얼마든지 만회할 수 있다. 그러니 눈앞에 굴러온 기회를 절대 놓치지 말고 승리로 바꾸어야 한다.

승리가 아닌
압승을 추구하라

운을 개선하려면 단순한 승리가 아닌 '압승'을 지향해야 한다.

돈키호테를 창업한 후 매출이 50억 엔이나 100억 엔 정도였을 때는 "야스다 씨는 정말 운이 좋아, 운의 챔피언이야"라는 말을 자주 들었다. 주변 사람들이 모두 그렇게 말하니 나도 그런가 보다 싶어 '역시 나는 운이 좋아'라며 기뻐하기만 했다. 하지만 지금 돌아보니 그 말에 심술도 약간 섞여 있었던 것 같다. '너는 운이 좋았을 뿐이야. 운이 나빠지면 어차피 실패할 거야'라는 심술 말이다.

그러나 매출이 수천억 엔이나 조 단위로 늘어나자 아무도 '운이 좋다'라고 말하지 않게 되었다. 그렇게까지 몸집이 커지면 '이건 운으로만 될 일이 아니야. 본인의 노력으로 만든 결과야'라고 생각하는 것이다. 그런 압승을 거두면 주위의 시기와 질투도 급속히 가라앉는다.

LA 다저스의 오타니 쇼헤이 선수가 2타석 연속으로 홈런을 쳤을 때 "역시 오타니 선수"라고 칭찬하는 사람은 있어도 "오타니는 운이 좋았다"라고 빈정대는 사람은 없었다. 그만큼 대단한 존재가 되면 전 세계에서 동경의 대상이 될 뿐 진심으로 질투하는 사람은 사라진다. 압승이란 그런 상태를 가리킨다.

압승을 탐욕이 아닌
미학으로 이해할 것

내 나름으로 정의한다면 압승이란 잠재적 승리를 일사천리로 구현하고 여지가 없을 만큼 압도적으로 이긴 상태라고 할 수 있다. 그러나 사람들 대부분이 이런 대승에 대한 감각이 없어 괜한 '기회 손실'을 자초하는 듯하다. 참으로 안타까운 일이다.

크게 성공할 기회는 자주 오지 않는다. 반대로 패배할 기회는 자주 온다. 하지만 패배로 입은 손상은 몇 번 되지 않는 대승으로 얼마든지 만회할 수 있다. 그러니 눈앞에 굴러온 기회를 절대 놓치지 말고 승리로 바꾸어야 한다.

적어도 노아웃 만루 같은 상황에서 2점밖에 따지 못했을 때 발을 동동 구르며 분통을 터뜨리는 사람이 되어야 한다. 일부러라도 철저히 이겨서 "이래도 덤빌래?"라고 말할 만한 대승을 거두는 게 중요하다. 나는 경험상 '압승을 지향하는 기세가 좋은 운을 끌어당긴다'라고 확신한다. 이런 말을 들으면 '단순한 탐욕이 아닌가?'라고 생각할지 모르지만 전혀 그렇지 않다. 이런 압승을 '미학'으로 이해할 정도가 되어야 진짜 멋진 운이 찾아온다.

메이저 리거인 오타니 쇼헤이 선수에게도, 결은 조금 다르지만 피겨스케이트의 하뉴 유즈루羽生結弦 선수에게도 비슷한 압도적인 힘이 느껴진다. 두 사람은 단순히 승리에 집착할 뿐만 아니라 승리의 방식에서도 자신만의 미학을 추구하는 듯하다. 이런 금욕적인 태도야말로 두 선수를 세계적 슈퍼스타로 만든 힘의 원천이 아닐까?

'압승'을 지향하는 데 무엇보다 중요한 것이 있다. 사리사욕을 개입시키면 절대 안 된다는 것이다. 오타니 쇼헤이 선수도 하뉴 유즈루 선수도 단지 돈과 명성을 바라고 혹독한 훈련을 견디지는 않았을 것이다. 두 사람에게는 오로지 '승리'를 향한 열망이 있을 뿐이다.

사업도 마찬가지다. '돈을 더 벌고 싶다', '더 인정받고 싶다'라는 욕심이 끼어드는 순간 경영이 탐욕에 휘둘린다. 그러면 주변의 시기와 질투를 사서 운이 나빠지기 쉽다. 따라서 사욕에 흔들리지 않고 '담담하게' 승리를 지향해야 한다.

하지만 젊을 때 나는 미숙해서 이 사실을 깨닫지 못했다. '어떻게든 돈을 많이 벌어서 거물이 되겠다'라는 일념으로 나 하나만 생각했다. 그야말로 사욕 대마왕이었다. 다행히 죽을힘을 기울인 노력으로 가게를 어느 정도 안정시켰고 돈도 조금 벌었지만 내 욕심을 채우기엔 역부족이었다. '나라면 더 올라갈 수 있을 거야'라고 생각하면서도 좀처럼 그 상태를 벗어나지 못했다. '결국 나는 이것밖에 안 되었나'라는 자괴감에 시달렸다. 그다지 떠올리고 싶지 않은 흑역사다.

우여곡절 끝에 돈키호테를 창업한 후 사업 규모의 '확장성'을 생각하게 되었다. 그래서 1995년에 다점포 전략을 본격적으로 펼친 결과 1997년에 개업한 신주쿠점이 크게 히트했다. 강렬한 '돈키호테 선풍'이 일어나 모든 점포 앞에 고객이 줄을 서기 시작했다.

그러나 이때까지도 머릿속에는 '내 성공'뿐이었다.

직원의 행복이
곧 경영자의 행복

그렇게 파죽지세로 나아가던 나에게 천벌이 내렸는지 돈키호테에 큰 불운이 닥쳤다. 2장에서도 말했던 지역 주민의 대규모 반대 운동이다. 나는 얻어맞을수록 반항하는 성격이라 '출점 방식과 영업시간은 법적으로 문제가 없고 고객들도 편리하고 재미있다며 좋아하는데 뭐가 문제인가?', '두고 보자, 더 치고 나가주지'라는 강경한 자세로 버텼다. 하지만 결국 불에 기름을 부은 것처럼 돈키호테를 향한 비난이 점점 거세지는 악순환이 시작되었다.

다행히 투자자와의 만남을 계기로 깨달음을 얻었다. 돈키호테 반대 운동을 전후해 주식을 상장했으므로 투자자들을 찾아다니며 인사를 해야 했는데, 부끄럽게도 그때 처음으로 누군가가 우리 회사를 믿고 귀한 돈을 맡겼다는 사실을 안 것이다. 돈키호테 점포를 민폐 시설이라며 비판하는 사람도 많았지만 '이 회사에는 미래가 있다'라고 격려하는 사람도 많았다. 그때 새로운 시야가 열렸다. '내 이익만 생각하면 안 된다'라고 깨달은 것이다. '적어도 우리 회사를 믿어준 사람들에게는 반드시 보답하겠다'라고 맹세했다.

권한 이양을 추진하면서도 똑같은 깨달음을 얻었다. 돈키호테를 창업한 초창기에는 나 자신만 믿었다. '4번 타자'인 경영자가 잘 버티고 싸워 이기는 게 전부라고 생각해서 무엇이든 직접 하려 하고 남에게 일을 맡기지 못했다. 그러나 경영자 혼자서만 애쓰면 사업에 확장성이 없어 기업으로서 발전할 수 없다. 게다가 소매업은 다른 업계보다 사람에 좌우되는 특성이 강하므로 많은 사람을 끌어들여 집단으로 승부를 봐야 한다.

그래서 어느 순간 '나만 생각하면 안 된다'라는 당연한 사실을 깨닫고 과감하게 권한 이양을 결정했다. 솔직히 말하자면 권한 이양을 시작했을 때도 사적인 욕심이 아직 반쯤 남아 있었다. '진짜 저 녀석들에게 맡겨도 될까?', '내가 하는 게 빠르지 않을까?'라고 생각한 것도 사실이다. 그러나 직원들의 모습을 지켜보는 동안 마음이 바뀌었다.

내가 직접 힘들게 해봤으니 잘 알지만, 상품 매입에서부터 진열, 가격 책정, 판매까지 자율적으로 진행하는 것은 정말 힘든 작업이다. 그래서 이 일을 한꺼번에 넘기면서 '힘든 일을 떠맡긴다'라고 걱정했지만 직원들은 기꺼이 의욕적으로 일해주었다. 최선을 다해 머리를 짜내고 목표를 달성하는 모습을 보니 진심으로 '직원들을 행복하게 해주고 싶다', '저 사람들이 즐겁게 일하면 좋겠다'라고 바라게 되었다. 자신만 생각했던 내가 조금 성장한 것이다.

사업에는
쾌감이 필요하다

주식 상장 당시로 이야기를 되돌려보자. 돈키호테에 기대를 거는 투자자들을 만나고 나서 '이제 나는 어떻게 되든 상관없으니 반드시 이 사람들에게 보답하자'라고 결심했다. 이전에 나를 에워쌌던 자아라는 껍데기가 한 꺼풀 벗겨지는 듯했다.

그 후 몇 년이 지나 40대 중반에 접어들 무렵에 확신하게 되었다. 우리가 속한 유통 소매업에서는 고객을 주어로 삼아야

만, 즉 고객 최우선으로 일해야만 성공할 수 있다는 것이다. '돈을 벌고 싶다'라는 생각을 버리지 못하면 미래도 기대할 수 없었다.

그래서 나는 마음을 독하게 먹고 자아를 버렸다. 다른 사람이라도 된 듯 완전히 변하기로 했다. 그렇게나 나만 생각하던 사람이 "여러분에게 맡길게요"라며 뒤로 물러서서 권한을 전적으로 넘겨준 것이다. 나 자신도 놀랄 만큼 큰 변화였다.

다만 나도 '무욕'의 경지에 도달하지는 못했다. 사실은 지금도 욕심이 남아 있다. 그것은 다름 아닌 '짜릿한 자극에 대한 욕심'이다. 내 나름대로 가설을 세워 새로운 사업에 과감하게 도전할 때마다 성공할지 실패할지 모른다는 긴장감과 함께 압박감이 밀려든다. 하지만 동시에 말로 표현하기 어려운 쾌감과 즐거움도 느낀다. 그런 의미에서 나를 '변태 경영자'라 불러도 할 말이 없다.

게다가 나는 '문제 해결 마니아'다. 내 머릿속에는 언제나 몇몇 병목이 있다. 이쪽에서 저쪽으로 가고 싶지만 걸려서 전진하지 못하고, 반대로 그 지점을 지나가기만 하면 단숨에 문제가 해결되는 곳이다. 그곳을 빠져나가려고 밤낮없이 버둥거리다 보면 어느 날 갑자기 스르륵 빠져나가는 순간이 찾아온다. 그 쾌감이 너무 짜릿해서 또 다른 병목을 즉시 설정한다. 문제 하나를 해결하자마자 새로운 가설을 세우고 검증하는 과정을 반복하며 아이가 게임에 몰두하듯 빠져드는 것이다. 그야말로 자타 공인 변태 경영자다.

내가 사업에서 진정으로 추구하는 가치는 이런 쾌감이다. 성공해서 얻는 돈과 명성은 그저 승리의 부산물이자 증거일 뿐이다. 그래서 많든 적든 상관없다. 50세 이후 이 사실을 깨달은 후 나와 우리 회사의 운이 급격히 좋아졌다.

사욕에서 해방된 삶이란

나는 대기만성형 경영자다. 50세가 넘어서야 인간으로서, 경영자로서 급격히 성장했다. 나 자신에게 얽매이지 않게 된 후 진짜 성장이 시작된 것이다. 그렇게나 욕심이 많았던 내가 이렇게 달라질 줄 아무도 몰랐을 것이다. 마음 상태도 확 달라졌다. 마음이 활짝 개어 가벼워지자 어깨에서도 힘이 빠져 삶이 편안해졌다.

내 인생의 20~30대는 '혼미의 시대', 40대는 '여명의 시대', 50대는 '약진의 시대', 60대는 '비약의 시대'였다. 약진의 시대라는 말처럼 50대를 지난 후 PPIH가 급격하게 성장하고 발전했다. 물론 권한을 이양받은 직원들이 노력한 덕분이다. 진심으로 감사하고 존경하는 마음으로, 직원들이 '이 회사에 들어오길 정말 잘했다'라고 생각하기를 간절히 바란다.

비약의 시대인 60대 이후 PPIH의 압승이 시작되었다. 내가 환갑을 맞았을 때 우리 회사 연간 매출은 4,800억 엔(약 4조 4,411억 원, 2009년 6월 기준)이었다. 그것이 지금 2조 엔으로 늘었으니 15년 만에 4.2배가 된 셈이다. 매년 1,000억 엔(약 9,252억 원)씩 늘어났다. 같은 4.2배라도 480억 엔(약 4,441억 원)이 2,000억 엔(약 1조 8,504억 원)이 된 것과는 차원이 다르다.

회사 규모가 커지는 와중에도 매출액과 이익액은 우상향을 계속했다. 이렇게 우리 회사는 스스로 열정적으로 돌진하는 집단 운 조직으로서 완성도를 더욱 높여가고 있다.

나는 현재 75세다. 슬슬 은퇴를 생각할 때가 됐지만 이제 '사욕'에서 해방되었으니 자식 같은 회사의 발전과 직원들의 행복을 위해 앞으로 더 열심히 회사 일에 관여하려 한다. 멸사봉공滅私奉公◆은 앞으로도 이어질 것이다.

> ● **8장 포인트** ●
>
> ✔ 단순한 승리가 아닌 압승을 지향한다.
>
> ✔ 압승을 탐욕이 아닌 미학으로 이해하는 자세가 필요하다.
>
> ✔ 자신만 생각하면 안 된다. 자아를 버리는 순간 압승이 앞당겨진다.

◆ 사욕을 버리고 공익에 힘씀. —옮긴이

[
비기 6

성공하는 사업의 비밀
]

운을 자기편으로 만들어 압승하려면 '레드오션red ocean'이 아닌 '블루오션blue ocean'에 진입해야 한다. 경쟁이 없거나 규모가 아주 작은 시장을 비즈니스 용어로 블루오션이라 하며, 반대로 경쟁이 격렬한 시장을 레드오션이라 한다. 돈키호테는 처음부터 블루오션에서의 승부를 선택한 덕분에 성장하고 발전할 수 있었다.

유일한 업태라 가능한 일

돈키호테라는 업태는 유통 대기업의 상식이었던 '체인점 우선주의'를 부정하고 권한의 현장 이양을 전제로 한 '개별 점포 우선주의'를 관철하면서 신속한 전국 다점포화에 성공했다.

돈키호테(메가 돈키호테 포함)라는 상호를 쓰는 모든 점포는 기본적으로 동일한 상품으로 구성된 동일 업태의 상점이지만, 매장 규모는 수십 평부터 수천 평까지 다양하고 입지도 도심의 거리 점포에서부터 건물 내 점포, 나아가 교외의 독립 점포까지 천차만별이다. 어떤 형태든 개점할 수 있어서 더욱 신속한 다점포화가 가능했는지도 모른다. 다양한 입지에서 문을 열 수 있는 유통 점포는 이 넓은 세상에 돈키호테뿐일 것이다.

앞서 말했듯 권한 이양을 통해 개별 점포 완결 시스템을 구축한 데다 업계에 유사한 경쟁 기업이 없었던 덕분이다. 이것이 돈키호테가 압승을 거둘 수 있었던 결정적 요인이다.

업계가 있지만
업계가 없다

돈키호테는 이른바 '돈키호테 업계'에 속한 유일한 회사라 경쟁자가 없는 블루오션에서 마음껏 성장하고 발전할 수 있었다.

나는 이 현상을 '업계가 있지만 업계가 없는 상태'라고 표현하는데, 이것이 바로 우리 회사의 필살기다.

돈키호테가 제로에서 출발해 2조 엔 규모의 그룹을 이루기까지의 패턴은 '내가 고민을 거듭해 문제를 직접 해결한다 → 주어를 바꾸어 고객의 욕구와 필요를 파악하고 가설을 세운다 → 그 가설 위에 업태를 구축하고 다듬는다 → 블루오션에 진입한다'로 정리할 수 있다.

반대로 당시 전성기를 누리던 동질화된 업계, 즉 체인 스토어라는 레드오션에 뛰어들었다면 후발 주자인 우리 회사로서는 승산이 없었을 것이다. 그래서 일부러 안티 체인 정책으로 세상 어디에도 없는 업태를 만든 것이다.

괴로운 진통을 겪어야 했지만, 업태를 새로 창출해 블루오션에 들어가기만 하면 성장은 순조롭다. '낳기는 쉽고 키우기는 어렵다'라는 말이 실제로 있는지 모르지만 사업에서는 그 반대가 바람직하다. 즉 '어렵게 태어난 아이일수록 크게 자란다'라는 말을 따라야 한다. 이 말에 앞서 말한 '필살기'와 이번 장에서 말한 '압승의 미학'의 본질이 담겨 있다.

어쨌든 우리가 일부러 쉬운 길이 아닌 어려운 길을 선택한 덕분에 블루오션이라는 멋진 상을 받은 셈이다.

집단 운이 필요한 순간

다만 이런 필살기를 갖추려면 가시밭길을 걸어야 한다. 특히 주위에서 좋은 평가를 받기 어렵다. 나 역시 사업을 시작하기 전부터 그런 사업은 망할 게 뻔하다고 저주하는 것으로도 모자라 실패하면 "내가 안 된다고 했잖아"라며 사정없이 질책하는 사람이 많았다.

그래도 실패를 두려워하지 말자. 일이 잘되기만 하면 아무도 들어오지 못한 블루오션에 진입할 수 있으니 말이다. 돈키호테 1호점(도쿄 후추점)이 대표 사례다. 우리 회사의 급성장 최대 요인인 '권한 이양' 정책도 처음에는 주변의 비판을 많이 받았다.

다만 개인 점포를 히트시키는 수준으로는 아무리 개성이 풍부해도 작은 연못, 즉 '블루 폰드pond'를 벗어날 수 없다. 연못을 확장해 블루오션으로 만들려면 권한 이양뿐만 아니라 6장에서 언급한 대로 모두를 끌어들이는 열정적인 힘, 그리고 개별 운에서 더 발전된 집단 운이 꼭 필요하다.

나오며   인생의 소용돌이 속에서
깨달은 것들

'운'이란 무엇일까? 결국 운은 내 '삶의 태도' 자체가 아닐까? 내가 지나왔던 삶의 태도를 깊이 들여다보면 인간에 대한 끝없는 관심이 보인다. 즉 나만의 '인간 찬가'가 삶의 바탕을 이루는 것이다.

편애와 편견의 재발견

어릴 때 학교 공부는 무척 싫어하면서 관심 있는 격투기나 모험, 탐험에 대한 책과 잡지는 닥치는 대로 읽었다. 어린애치고는 해당 분야에 대한 지식이 아주 많아서 은근한 자부심도 느졌다. 그러나 모처럼 친해진 친구에게 이것저것 이야기해도 공감을 얻지 못했다. 유행하는 TV 프로그램이나 만화에 관심이 없어서 반 친구들과 신나게 이야기를 나누지도 못했다. 그때 이후 '나만 동떨어져 있구나'라는 느낌이 오랫동안 사라지지 않았다.

내가 나고 자란 기후현 오가키시는 보수적인 지역이라서 주변 사람들과 다르게 튀는 사람을 곱게 보지 않았다. 이런 환경에서 개성을 숨기려고 노력하다 보니 자아가 비틀리고 비대해졌다. 늘 소외감과 고독감을 느꼈으니 지금 생각하면 상당히 안쓰러운 소년이었다.

독특한 감수성에서 생겨난 충동을 억누르다 보니 생각이 점점 더 독단적으로 흘렀고 주변 사물에 특이하게 집착하는 '편애와 편견'이 생겼다. 충동을 억누르지 못하고 폭발해서 주위를 놀라게 하고 질리게 만드는 일도 종종 있을 만큼 나는 동네에서도 소문난 문제아였다.

그러나 결과적으로 그런 기질이 돈키호테의 개성과 압승을 불러일으켰으니 세상일은 어떻게 될지 정말 아무도 모르는 것이다.

사람을 읽는 힘

편애와 편견이 강한 사람은 대체로 자폐적 경향이 있어 다른 사람과 잘 어울리지 못한다. 그런데 나는 정반대였다. 사람에게 폭넓은 관심과 흥미를 느꼈고 너그럽게 존경하는 마음이 강했다. 그런 의미에서 상당히 특수한 유형이었다고 할 수 있다.

그래서 독서로는 만족하지 못하고 실제로 다양한 곳을 찾아다녔다. 아마존, 수단, 이리안 자야Irian Jaya◆ 등 비경을 간직한 오지를 찾아가 소수민족과 어울려 사는 사람들이 있는데, 나도 오래전부터 그런 일을 해왔다. 일본밖에 몰랐던 어릴 때나 학생 시절에는 지구 변두리의 민족을 보는 느낌으로 사람들을 지켜보았고, 대학생 시절에는 신분을 숨긴 채 육체노동을 하고 노동자 숙소에서 지내며 주변 사람을 흥미진진하게 관찰했다. 어떤 의미에서는 그것이 내가 살았던 사회의 풍경이다.

요코하마 고토부키 마을의 쪽방촌에서 '이렇게 살면 인생이 저 사람처럼 될까?'라든지 '이 사람은 이런 식으로 신세를

◆ 뉴기니섬 서부의 인도네시아령이며, 현재는 파푸아주. —옮긴이

망쳤을까?'라는 등의 생각을 하며 인생의 성공과 실패가 담긴 실제 사람들의 모습을 눈과 피부에 새겼다. 그러면서 내 '운 감수성'을 자각하기 시작했다.

지식과 경험의
거대한 밀림

요컨대 나는 누구보다 '사람을 좋아하는 성격'이다. 모든 인간은 자신만의 '인생극장'의 주인공이 되어 기쁨, 분노, 슬픔, 즐거움을 맛보고 갈등과 해결을 반복한다. 그 삶을 지켜보는 일이 가장 즐겁다. 인생이 파란만장할수록 그 사람에게 공감하며 어떻게든 응원하려 한다.

지금도 나와 전혀 관계없는 사람들의 가치관이나 삶의 방식을 끝없이 궁금해한다. 빈곤 여성이나 가출 청소년 등 나와 접점이 전혀 없는 사람들의 삶을 그린 책도 즐겨 읽는다. 인간에 대한 순수한 흥미 때문이기도 하지만 젊은 시절의 내 모습이 겹쳐 보여 공감이 가기 때문일 것이다.

75세가 된 지금도 인간과 세계에 대한 흥미와 관심이 샘

솟는다. 덕분에 머릿속에는 보통 사람의 몇십 배나 되는 방대한 지식과 경험을 담은 거대한 밀림이 존재한다. 거기에 폭넓은 잡학 지식이 갖춰져 있어, 대화 도중에 자리에 알맞은 이야기를 자유자재로 끄집어내고는 하므로 사람들이 놀라고 감탄할 때도 많다.

얼핏 생각하기에 이런 체험과 지식은 사업과 경영에 별 도움이 안 될 것 같지만 분명 좋은 운을 끌어당기는 요인이 되었다. 이처럼 사람에게 꾸준히 관심을 기울인 덕분에 아무도 생각하지 못한 돈키호테라는 업태를 만들어낼 수 있었다고 확신한다.

사람에 대한
관심과 이해, 친절, 공감

마지막으로 사람에 대한 근본적 관심과 이해, 친절과 공감을 소중히 여기라고 말하고 싶다.

경영자나 상사가 아무리 우수해도 인간으로서 중요한 요소를 갖추지 못했다면 동료와 부하 직원이 그를 전폭적으로 신뢰할 수 있을까? 주어를 바꿔보지 않아도 대답은 틀림없이 '아니요'다. 남에게 관심이 전혀 없이 냉철하기만 한 사람에게는 운이 돌아오지 않는다. 주위 사람을 관심 있게 지켜보고 이해하며 친절과 공감으로 대하는 것이 좋은 운을 부르는 가장 효과적인 방법이다.

마지막에 감상적인 조언을 해서 놀랐을지도 모르겠다. 하지만 이런 '인간 찬가'야말로 좋은 운을 즉시 끌어당기는 결정적 요소다.

이 책을 읽어준 독자 여러분의 행복을 진심으로 기원한다. 나의 조언을 당장 실천하면 여러분의 인생과 회사의 운이 조금씩 좋아질 것이다. 그리고 전국 곳곳에 하나씩 희망의 등불이 켜지면 국가의 집단 운도 트이기 시작할 것이다.

모두가 과감하게 도전해 좋은 운을 끌어당겨 행복해지기를 바라면서 글을 맺는다.

부록

PPIH 그룹
기업 이념집 『원류』

PPIH 그룹의 기업 이념집 『원류』의 내용을 일부 발췌했다.

기업 원리

고객 최우선주의

- '고객 최우선주의'를 PPIH 그룹의 변함없는 원리로 삼는다.
- '고객 최우선주의'는 우리 기업의 모든 행동을 규정하고 구동한다.
- '고객 최우선주의'를 실현하려면 '경영 이념'을 준수해야 한다.

경영 이념

제1조 높은 뜻과 도덕에 기반해 사욕이 없이 진실하고 정직하게 장사에 전념할 것

- 경쟁이 난무하는 성숙한 소비 사회에서는 판매자의 일방적인 의도나 잔꾀가 통용되지 않는다.

- 그러므로 우선 고객의 관점에서 원리 원칙에 충실하며 사욕이 없고 진실하고 정직한 태도로 상업을 우직하게 영위해야 한다. 그렇게 고객과 사회에 공헌하면 기업 및 직원의 사명감과 자부심이 높아지는 선순환이 일어난다.
- 결국 상업의 왕도는 진실과 정직이다.

제2조 시대를 불문하고 두근거리고 설렐 만한 초저가 상품이 있는 매장을 구축할 것

- 고객이 항상 이득을 본다고 느끼며 즐겁게 쇼핑할 수 있는 장소를 제공한다. 이것은 시대를 불문하고 변하지 않는, 우리 회사의 매장 구축 철칙이다.
- 그런 상태를 '두근거리고 설렌다'라고 표현하는데, 이를 위해 비일상적인 엔터테인먼트 감각과 시간을 소비하게 하는 요소를 가장 우선시한다.
- 우리는 단순한 상품 판매자가 아니다. 공간 창조에 기반해 새로운 가치를 제공하는 유통인이다. 다만 그러려면 '초저가 상품이 있는 매장'을 구현해야 한다는 사실을 절대 잊지 말자.

제3조 현장에 권한을 대담하게 이양하고 인재가 제자리에 배치되었는지 항상 점검할 것

- 권한 이양과 적절한 인재의 평가는 동전의 양면과 같다. 적절한 평가가 항상 이루어져야 권한을 대담하게 현장으로 이양할 수 있다.
- 그러므로 현장에서는 인재가 제자리에 배치되었는지 항상 점검해 유연하고도 대담한 신진대사를 꾀해야 한다.
- 또 우리가 자랑할 만한(사수해야 할) 최대의 무기는 '고객 친화성'이다.

제4조 변화 대응과 창조적 파괴를 추구하고 안정 지향과 뻔한 전개를 피할 것

- 우리 회사가 속한 유통업의 본질은 시대를 불문한 신속한 변화 대응에 있다.
- 변화에 적확하게 대응하려면 말할 것도 없이 과거의 성공 체험에 안주하지 않는 창조적 파괴가 반드시 필요하다.
- 그런 이념과 자세로 조직을 파고드는 안정 지향성을 타파하며, 뻔한 전개를 거부하는 기업 문화를 유지하고 발달시켜야 한다.

제5조 과감한 도전의 기세를 유지하면서도 현실을 직시한 신속한 철수를 두려워하지 말 것

- 우리 회사는 끝없이 신 업태를 개발하는 혁신적 기업 집단이다. 실패를 두려워하지 않는 과감하고 공격적인 자세로 다수의 새로운 업태에 도전하고, 잘된 것만 남기는 방식을 기본으로 삼는다.
- 다만 신구를 불문하고 업태나 사업이 객관적으로 어렵다고 판단되면 현실을 직시해 상처가 커지기 전에 신속, 과감, 철저하게 철수해야 한다. 이런 '철수할 용기'를 항상 유지해야 다음번에도 진취적으로 도전할 수 있다.

제6조 부차적 이익을 좇지 말고 핵심이 되는 특기 사업을 철저히 파고들 것

- 제5조에서 말하는 '과감한 도전'은 자연스럽게 그 범위가 제한된다. 즉 유일성을 무기로 하므로 우리 회사가 절대로 실패하지 않는 업태와 사업, 그리고 그 주변 사업을 집중적으로 특화하고 파고들어야 한다.
- 따라서 우리 회사에 부차적 이익을 가져다줄 듯한 다른 사업에 손을 대

면 안 된다. 어디까지나 핵심이 되는 소매업을 중심으로 한 사업, 그리고 소매업에 관련된 사업을 갈고닦아야 한다.

직원의 마음가짐, 행동 규범 10개 조

제1조 역경을 딛고 일어서는 불굴의 투지와 무엇이라도 얻고자 하는 강인함을 유지할 것

제2조 점포, 상품, 고객에 누구보다 뜨거운 마음과 열정을 쏟을 것

제3조 현장에서 지혜와 감성, 직감을 연마할 것

제4조 단순한 근성이 아니라 본게임에 이길 만한 정신력과 배포를 키울 것

제5조 어떤 때든 '주어 전환'을 잊지 말고 상대의 처지에서 생각할 것

제6조 현장의 리더는 자신을 대신할 인재를 계속 키울 것

제7조 직위나 상하 구분 없이 개인의 다양성을 서로 존중하고 인정할 것

제8조 일을 '노동'이 아닌 '게임'으로 즐길 것

제9조 안 되는 이유를 대지 말고 '어떻게 하면 할 수 있을까?'라고 철저히 궁리할 것

제10조 양립이 불가할 듯한 두 선택지의 양립을 안이하게 포기하지 말고 어떻게든 양립시킬 대책을 짜낼 것

관리의 철칙 9개 조
상사 편

제1조 으스대지 말 것

'약한 개일수록 크게 짖는다'라는 말처럼 자신 없는 상사일수록 부하에게 거만하고 권위적으로 행동한다. 정말로 실력 있고 식견이 풍부하고 덕망 있는 상사는 절대 으스대지 않으며 부하를 쓸데없이 위압하지 않는다. 우리 회사의 직원은 직위가 높아질수록 겸허하게 행동하며 부하와 주변 사람을 친근하게 대해야 한다.

제2조 영합하지 말 것

이것은 '으스대지 말 것'과 대립하는 개념이 아니다. 상사는 업무를 수행할 때 감정에 휘둘리거나 부하의 기분을 맞춰주는 영합적 자세를 절대 취하지 말고, 상사로서 항상 이상적인 자세를 추구하며 (당연히 해야 할 일이지만) 자신의 임무를 완수해야 한다.

제3조 권력자가 되지 말 것

상사와 부하의 관계는 어디까지나 업무 수행에 필요한 직능에 관한 상하 관계에 불과하며 인간의 본질적 상하 관계가 결코 아니다. 그런데도 그런 직능에 대한 상하 관계를 악용해 마치 권력자가 된 듯이 행동하는 상사는 기업 이념으로 권한 이양을 내세우는 우리 그룹에 최악의 존재다.

제4조 공포로 지배하지 말 것

인사권을 행사하는 상사는 부하의 생사여탈권을 쥔 것과 마찬가지다. 그래서 부하가 고객이 아닌 상사의 안색을 살피며 일하는 주객전도 상태에 빠질 수 있는데 이는 고객 최우선주의를 기업 원리로 삼은 우리 그룹에 결코 있을 수 없는 일이다. 상사의 공포 지배는 이런 상황을 만들어내므로 우리 회사에 어떤 이유로도 허용되지 않는다.

제5조 다양성을 읽을 것

당연한 말이지만 상사는 위로 갈수록 다양한(성별, 나이, 국적, 경력, 주의, 사상, 취미, 기호 등) 부하를 거느리게 된다. 상사는 부하들의 다양성을 진심으로 인정해야 한다. 그리고 절대로 차별 등을 하지 않으며 자신의 가치관과 삶의 방식 등을 강요하지 않고 업무적 공통 목적으로 모두를 이끌 만한 능력과 자질을 갖추어야 한다.

제6조 자기 관리를 철저히 할 것

상사는 부하의 본보기가 되도록 사생활 및 건강 유지를 포함한 자기 관리를 철저히 해야 한다. 이 사항은 (직무상 책임과 권한이 커지는) 윗자리로 갈수록 엄격하게 지켜져야 한다. 예를 들어 상사가 나서서 부하와 함께 과음하는 것 역시 말도 안 되는 행동이다.

부하 편

제1조 예의를 지킬 것

상사를 대할 때는 부하로서 존경과 예의를 갖추어야 한다. 상사를 예의 바른 인사와 태도로 대하지 못하는 사람이 고객을 그렇게 대할 리 없으므로 우리 회사처럼 고객 최우선주의를 기업 원리로 채택한 소매업의 현장에 나갈 수 없다.

제2조 우쭐대지 말 것

상사가 자신을 진솔하고 친밀하게 대한다고 해서 응석을 부리거나 우쭐대며 상사를 상사로 생각하지 않는 듯한 언행과 태도를 보이는 사람은 우리 회사에서 가장 경멸하는 최악의 부하다. 상사로서는 건방지고 우쭐대는 부하에게 고압적인 태도를 보일 수밖에 없다는 사실을 명심해야 한다.

제3조 자기 의견을 확실히 말할 것

권한 이양을 중시하는 우리 회사에서는 직무상 옳다고 생각하는 의견이나 주장이 있으면 상사에게 그것을 확실히 말해야 한다. 상사가 어떻게 판단할지는 그때그때 다르지만, 부하의 의견에 항상 귀 기울이는 것이 우리 회사 상사의 요건이므로 쓸데없는 걱정은 하지 않아도 된다. 맹목적으로 명령을 따르는 부하만 있으면 애초에 권한 이양이 성립하지 않을 것이다.

설사 직속 상사가 지나치게 고압적인 유형이어서 권력을 내세우더라도 그에 영합해 비위를 맞출 필요는 없다. 오히려 영합하면 상사는 점점 더 권력을 믿고 뻐기게 된다. 우리 회사에서는 그런 상사가 오히려 강등 대상이므로 부하로서의 예의를 갖추면서도 올곧은 자세로 당당하게 대하자.

차세대 리더의 마음가짐 12개 조

제1조 PPIH 그룹에 '감독'은 필요 없다

우리 회사에는 어떤 때든 앞장서서 움직이고 고난과 성취감을 공유하는 '대장', 즉 '현장 관리자'가 필요하다.

제2조 '쓰기 싫은 인사권'을 쓰는 사람이 진짜 리더다

회사가 부여한 인사권을 행사하지 않는다면 임무를 완수하지 않는 것이다. 강등 등 부정적인 인사권은 '쓰고 싶지 않은 인사권'의 대표이겠지만, 오히려 이런 인사권을 과단성 있고 올바르게 쓸 줄 아는 사람이 진짜 리더다.

제3조 권한 이양은 '좁고 깊게'

권한 이양의 대전제는 책임 범위를 명확히 한 다음 1에서 10까지 '통째로' 맡겨야 한다. 권한의 범위가 '넓고 얕으면' 하나의 공정에 여러 사람이 관여하게 되므로 권한 이양이 제대로 이루어지지 않는다.

제4조 명확한 승부, 시간제한, 최소한의 규칙, 대폭 자유재량권

이것은 권한을 이양할 때의 필수 요건이자 일을 단순한 노동에서 게임으로 변환하는 4대 요소다.

제5조 자기 권한을 스스로 부하에게 넘길 것

자신은 권한을 이양받아 성장했으면서도 본인이 권한을 쥐게 되면 남에게 이양하기 싫어지는 법이다. 그러나 지금의 직무, 직급에만 충실해 안주하면 부하가 성장하지 못한다. 오히려 우리 회사에서는 자신을 대신할 사람(넥스트 미next me)을 키워야 승진할 수 있다. 이것이 바로 진정으로 권한을 이양하는 방법이다.

제6조 긍정적이든 부정적이든 부하를 성의 있고 공정하게 평가할 것

이것이 실력주의의 대전제다. 무엇보다 자의적인 평가는 결코 허용되지 않는다. 일을 열심히 해도 좋게 평가받지 못하고 일을 제대로 안 해도 질책받지 않게 되는 순간부터 회사는 무너지기 시작한다.

제7조 부하는 '육성'되기를 바라지 않고 '신뢰'받기를 바란다

'신뢰'란 말 그대로 믿고 맡기는 것이다. 부하가 상사에게 신뢰받아야 비로소 그 신뢰에 부응하기 위해 스스로 생각하고 성장하려는 의지와 환경이 부하에게 주어진다.

제8조 '칭찬'이란 상대가 조용히 자부심을 느끼는 부분을 찾아 인정해주는 것이다

사람은 상대의 단점을 자연스럽게 찾아내면서도 장점은 간과하기 쉬운 법이다. 오히려 상대의 관점에서는 자신이 조용히 자부심을 느끼는 부분을 인정받는 것이 가장 기쁠 것이다.

제9조 채찍과 당근

'당근과 채찍'은 순서가 틀렸다. 처음에 웃으며 달콤한 말을 건네면 그것을 당연하게 생각한다. 처음에는 엄격하게 대한 다음 나중에 장점을 찾아 인정하고 칭찬해야 진정한 신뢰 관계가 구축된다.

제10조 '이상적 부하'가 반드시 '이상적 상사'가 되는 것은 아니다

실무자가 리더로 승진했다면, 충실한 부하였던 때보다 더 크게 신뢰받는 상사가 되어야 한다. 장점뿐 아니라 단점과 결점까지 포함한 부하의 인간성 자체를 받아들일 수 있느냐 없느냐가 상사의 그릇 크기를 결정한다.

제11조 부하는 상사의 부하가 아니라 회사의 자산이다

부하라는 소중한 자산이 최대한 활용되도록 하는 것이 상사의 임무다. 상사는 그 인재를 활용하기 좋은 환경을 만드는 일, 적성에 맞는 직무를 찾아주는 일에 최대한의 관심과 집중력을 쏟아야 한다.

제12조 상대의 기분도 모르는 사람은 강해질 수 없다

당연한 말이지만 단순히 강압적인 사람을 '강하다'라고 표현하지 않는다. 주어를 바꾸어 상대의 기분을 느낄 수 있는 사람이 오히려 강하다. 이 사실을 인식하는 것이 리더로서의 첫걸음이다.

옮긴이
노경아

한국외대 일본어과를 졸업하고 대형 유통회사에서 10년 가까이 근무하다가 오랜 꿈이었던 번역가의 길로 들어섰다. 번역의 몰입감, 마감의 긴장감, 탈고의 후련함을 즐길 줄 아는 꼼꼼하고도 상냥한 일본어 번역가. 현재 번역 에이전시 엔터스코리아의 출판기획 및 일본어 전문 번역가로 활동하고 있다.

운의 경영학

초판 1쇄 발행 2025년 3월 19일
초판 3쇄 발행 2025년 5월 7일

지은이 야스다 다카오
옮긴이 노경아

발행인 윤승현 **단행본사업본부장** 신동해
편집장 김예원 **책임편집** 강혜지 **교정교열** 고영숙
표지디자인 [★]규 **본문디자인** pica(
마케팅 최혜진 이인국 **홍보** 송임선
국제업무 김은정 김지민 **제작** 정석훈

브랜드 리더스북
주소 경기도 파주시 회동길 20
문의전화 031-956-7351(편집) 031-956-7089(마케팅)
홈페이지 www.wjbooks.co.kr
인스타그램 www.instagram.com/woongjin_readers
페이스북 www.facebook.com/woongjinreaders
블로그 blog.naver.com/wj_booking

발행처 ㈜웅진씽크빅
출판신고 1980년 3월 29일 제 406-2007-000046호

한국어판 출판권 ⓒ 웅진씽크빅, 2025
ISBN 978-89-01-29187-1(03320)

• 리더스북은 ㈜웅진씽크빅 단행본사업본부의 브랜드입니다.
• 저작권법에 의해 한국 내에서 보호를 받는 저작물이므로 무단 전재와 무단 복제를 금지하며,
  이 책 내용의 전부 또는 일부를 이용하려면 반드시 저작권자와 (주)웅진씽크빅의 서면 동의를 받아야 합니다.
• 책값은 뒤표지에 있습니다.
• 잘못된 책은 구입하신 곳에서 바꾸어 드립니다.